MÉMOIRES D'UN PIERROT,

TRADUITS PAR UN AUTRE,

PUBLIÉS

AU PROFIT DES INONDÉS DE LA LOIRE.

—

DIXIÈME ÉDITION.

—

DUNKERQUE.

IMPRIMERIE DE C. DROUILLARD, RUE DES PIERRES, 7.

—

DÉCEMBRE 1846.

MÉMOIRES D'UN PIERROT.

Pierrot écrivant ses Mémoires.

MÉMOIRES D'UN PIERROT,

TRADUITS PAR UN AUTRE,

PUBLIÉS

AU PROFIT DES INONDÉS DE LA LOIRE.

—

DIXIÈME ÉDITION.

—

DUNKERQUE.

IMPRIMERIE DE C. DROUILLARD, RUE DES PIERRES, 7.

—

DÉCEMBRE 1846.

Malheur à vous si vos yeux inhumains
　　N'ont point de pleurs pour la patrie !
　　Sans force contre vos chagrins,
Contre le mal commun votre âme est aguerrie ;
Tremblez, la mort peut-être étend sur vous ses mains !

(CASIMIR DELAVIGNE).

INVOCATION.

Toi qui peux m'entr'ouvrir les portes de la gloire,
    Déesse aux cent gueules d'airain,
Toi qui traces les noms aux fastes de l'histoire
    De ton infatigable main,

XII

Déesse folle et babillarde,
Qui répands par monts et par vaux,
De ta voix rauque et nasillarde,
Parfois le vrai, souvent le faux;

Va dire aux échos de la Loire
Qu'à leurs cris répond Buridant,
Et qu'il imprime son histoire
Au profit du peuple souffrant.

Va dire aux heureux de la terre,
Qu'un livre fût-il sans esprit,
S'il vient en aide à la misère,
Est toujours assez bien écrit.

Dis encore à qui veut l'entendre
Que l'or n'a de prix à mes yeux,
Que pour les biens qu'il peut répandre
Sous l'humble toit du malheureux.

Dis enfin..... c'est chose inutile,
A mon plus mince souscripteur,

Qu'en un mot je suis comme en mille,
Son plus dévoué serviteur.

BURIDANT.

Dunkerque, le 7 Novembre 1846.

Première partie.

Chapitre 1ᵉʳ.

—

Comment l'auteur de ces véridiques mémoires fit son entrée dans la vie d'une manière fort excentrique, et comment il apprit que son papa se trouvait dans un cas dont il n'avait pas le plus léger soupçon.

Je suis né le 7 Juin 1846, sous la quatrième tuile
du toit d'une maison à trois étages, située dans l'une
des plus belles rues de Dunkerque. Mes quatre frères

jumeaux (nous étions cinq de la même couvée) virent le jour plusieurs heures avant moi, et je dois à la vérité de dire que, sans la brutalité de mon père, je ne serais probablement jamais sorti de ma fragile coquille.

J'ignore si les enfants des hommes réfléchissent dans le sein de leur mère et s'ils entendent tout ce qui se passe autour d'eux, — je n'ai pas encore eu l'occasion d'observer ce fait — mais il est certain que nous autres Pierrots nous jouissons de ce privilège plusieurs jours avant de voir sans obstacle la lumière du soleil ; c'est même à cette cause que nous dûmes tous de venir au monde vingt-quatre heures au moins avant le terme fixé par la nature, et voici comment :

Immédiatement à côté de la tuile sous laquelle mes parents avaient jugé convenable de déposer les fruits de leurs amours, se trouvait une mansarde dont la cloison était, par rapport à notre petit appartement, dans une position de mitoyenneté pour ainsi dire complète; cette cloison était très-mince et permettait d'entendre parfaitement tout ce qui se passait de part et d'autre.

Je m'étais peu occupé des faits et gestes de mes

voisins jusqu'au 6 Juin, époque à laquelle un événement, fort simple en soi, vint rompre la monotonie de notre habitation aérienne.

Il était quatre heures et demie du matin au soleil, — c'était alors le seul cadran sur lequel je susse apprécier la marche du temps — lorsque la fenêtre de la mansarde s'ouvrit brusquement. Au bruit, mon père et ma mère s'échappèrent du nid sans néanmoins trop s'éloigner de nous, et en même temps une jeune fille parut à la fenêtre. J'ai pu depuis m'assurer qu'elle était fort jolie et qu'elle n'avait pas plus de seize printemps.

J'ignore quel rêve l'avait éveillée à une heure si matinale, mais elle ne semblait pas en être très-satisfaite, car, entr'autres choses qui lui échappèrent, je compris ces mots qui lui étaient sans doute suggérés par la vue de mes parents qui voltigeaient sous ses yeux : « Heureux Pierrots, quel bonheur est le vôtre ! » vous jouissez sans entraves des deux seules choses » dignes d'envie en ce monde, la liberté et . . . . . » Le dernier mot fut soupiré plutôt qu'il ne fut dit, de sorte qu'il ne parvint pas jusqu'à moi. Depuis, j'ai pu mieux apprécier la réflexion de cette jeune fille; mais alors le voile d'innocence dont mon cœur était enveloppé ne me permit pas d'en comprendre toute la justesse.

A ces mots que mes frères avaient sans doute compris mieux que moi, je sentis les quatre œufs mes voisins s'entrechoquer violemment; puis, à la suite d'une conversation très-animée, tous ensemble résolurent de jouir le plus tôt possible des deux choses dont avait parlé la jeune fille, et aussitôt chacun d'eux se mit en devoir de briser sa coquille en l'absence des grands parents. Ce fut, pendant un instant, un tapage qui faillit me rendre sourd, et bientot je vis apparaître le bout d'un bec rose, puis une charmante petite tête, et enfin un Pierrot tout entier et des mieux conditionnés. — Quand je dis un Pierrot, je me trompe, c'était incontestablement une Pierrette, car à peine fut-elle sortie de sa coquille, qu'elle s'occupa des soins de sa toilette et fit mille petites mines et gentillesses décelant, à ne pas s'y tromper, une fraction de la plus belle moitié du peuple Pierrot.

Déjà trois de mes frères jouissaient du grand air en pleine liberté, et pendant qu'ils étaient occupés à déblayer le nid des débris de leur ancienne demeure, le quatrième faisait des efforts inouis pour sortir de la sienne. Il y parvint enfin; mais dans la précipitation qu'il avait mise à démolir sa coque, une écaille lui était entrée dans l'œil, et la pauvre enfant (j'ai su depuis que c'était une seconde sœur) resta borgne pour le reste de ses jours.

Ce malheur — car c'en était un, surtout si l'on considère le sexe du patient — ne fit alors nulle impression sur son esprit. Elle crut naïvement que tout s'était passé de la manière la plus naturelle et, sans plus s'en occuper, elle se mêla à la conversation de nos aînés.

Quant à moi, profondément indifférent à tout ce qui se passait autour de moi et peu empressé de faire mon entrée dans le monde, je réfléchissais sur la légèreté d'esprit de mes frères et je prenais en pitié la futilité de leurs discours. Il paraît que, dès mon plus bas âge, je ressentais déjà le germe de cette philosophie qui, plus tard, me fit dédaigner la vie de Pierrot et rechercher la société d'un autre bipède sans plumes, près duquel je croyais trouver un état et des idées conformes à ma manière de voir. Les décrets du destin sont impénétrables et j'ignorais où cela devait me conduire!

La conversation des nouveaux nés, si vive à son début, tomba peu à peu et un malaise général se fit sentir parmi eux. Je ne savais à quoi l'attribuer; mais, au mouvement de leurs becs qu'ils ouvraient démésurément au moindre bruit, je compris qu'ils avaient faim. Le cas était perplexe, car nos parents qui ne comptaient à leur retour trouver que des œufs, allaient probablement revenir le bec vide, et c'est ce qui arriva en effet.

Ce furent d'abord des exclamations de plaisir sur tous les tons; les voisins accoururent au bruit, et force compliments furent adressés à nos parents, ma mère fut citée comme l'exemple des couveuses et mon père pour le modèle des Pierrots. Ce dernier se rengorgeait d'un air capable, laissant entrevoir que la couveuse ne devait arriver qu'en seconde ligne et que sans lui les choses ne se seraient probablement pas aussi bien passées. Mais ma mère — qui sans doute avait de bonnes raisons pour cela — laissa percer sur le bout de son bec un imperceptible sourire d'une expression que je n'oublierai de ma vie; ce qui me plongea dans de nouvelles réflexions, auxquelles je fus violemment arraché quelques heures plus tard.

Les compliments sont sans doute quelque chose de précieux, mais qui perdent beaucoup de leur valeur quand ceux qui les écoutent sont à jeun. A la mine piteuse de mes frères, ma mère s'apercevant de cette vérité, s'empressa d'aller chercher becquée, après toutefois avoir congédié tous les assistants.

Pendant ce temps, je méditais profondément sur le sourire de ma mère et sur les paroles de la jeune fille dont on s'entretenait sans cesse autour de moi. Insensiblement la joie qui m'environnait me devint importune. Foulé aux pieds par mes frères, oublié de mes parents, je formai le projet de me laisser mourir de faim dans ma coquille. Qu'est-ce après tout qu'un Pierrot de plus ou de moins dans le monde? Que ferais-je au milieu de tout ce fracas auquel je ne me sens aucune disposition à me mêler? Qu'est-ce donc tant que la vie? Quel parti en tirerais-je, n'ayant qu'un misérable nid pour sept, un père quelque peu douteux et une mère qui me dédaigne? C'en est fait, je veux rentrer dans ce néant d'où je suis à peine sorti. Et recommandant ma coquille au destin je donnai un soupir de regret à ma petite sœur borgne, je priai le Dieu des Pierrots de la préserver de toutes embûches, puis, enfonçant avec désespoir ma tête sous mon aîle, je m'endormis du sommeil éternel..... du moins je le croyais.

Malédiction !!! je n'étais qu'évanoui ! Quand je repris mes sens, je portais sur ma coquille les traces du dîner de mes frères et je crus qu'il était nuit. On parlait de moi, mais en termes peu flatteurs. On me traitait de paresseux, de bon à rien, et, chacun s'échauffant à qui mieux mieux, on résolut de me tirer de force de mon œuf. Ce qui fut dit fut fait ; mon père brisa mon enveloppe d'un vigoureux coup de bec, et, me saisissant par les quelques plumes qui commençaient à poindre sur mon crâne, il m'exposa brutalement aux regards de toute la famille.

Il paraît que l'effroi, la surprise et la douleur que je ressentais me donnaient une si comique figure, que je fus accueilli par un éclat de rire universel.

Chapitre 2.

—

Comment je devins le commensal et l'ami d'une jeune fille. — Inconvénient de trop bien cacher les billets doux.

Cette malveillante réception me perça le cœur, et, dès ce moment, je formai le projet de fuir au plus tôt le toît paternel. Ce mauvais procédé de la part de mes sœurs m'était surtout intolérable. Je n'ai jamais compris comment le cœur des femelles en général peut contenir à la fois tant de trésors de tendresse et tant de cruauté ; dans ma vieillesse et quand je les aurai bien étudiées, je me réserve de traiter à fond ce sujet.

Contrairement à ce qui était arrivé à mes frères, mon entrée dans le monde me coupa l'appétit et bien à propos, car il ne restait rien à manger ; je profitai alors de la gaieté scandaleuse de mes parents à mon endroit, je me blottis dans un coin, maudissant mon sort et la vie que je subissais malgré moi.

Ce jour et ceux qui suivirent, je ne vécus que des bribes des repas de mes frères et jamais un bon morceau ne m'arriva complet dans le bec. Doué d'un caractère naturellement distrait et porté à la méditation, je ne m'apercevais jamais de l'arrivée de mes parents, et si parfois, à l'imitation de mes voisins, j'ouvrais démésurément le bec, c'était toujours trop tard, je me trouvais réduit à mâcher à vide. Cette manière peu substantielle de me nourrir m'eût incontestablement coûté la vie, si l'intervention bienveillante de notre jolie voisine n'y eût porté un prompt remède.

Mes frères étaient assez grands déjà pour se permettre quelques petites excursions hors du nid, sans toutefois faire usage de leurs ailes. Ils parcouraient les gouttières et faisaient bonne chère de quelques misérables insectes que la nature semble avoir crées exclusivement pour le repas des Pierrots. C'est une superbe chose que la nature, surtout quand on l'envisage après dîner; mais moi, pauvre petit être rachitique et affamé, je l'aurais livrée sans hésiter pour une de ces petites mouches si grasses, si dodues qui me passaient sous le bec et semblaient par leur bourdonnement monotone se moquer de ma misère et narguer mon appétit.

Oh, combien n'ai-je pas envié le sort d'une araignée dont les toiles se trouvaient à six pouces tout au plus de mon nid (on compte encore par pouces chez les Pierrots). Est-il possible, me disais-je, qu'un être si vil, si abject, qui ne paie ni patente ni contributions et qui n'a pas même un port d'armes, jouisse impunément du produit de sa chasse et gaspille ainsi son gibier, au point de ne lui manger que la tête, quand moi, qui d'une bouchée pourrais la dévorer tout entière, je me trouve réduit à envier les misérables restes de son festin. Mais il n'y a donc plus de gardes-champêtres, plus de procureurs du roi, plus de sous-préfets? Où diable passe donc le budget?.....

Peut-être, dans ma verve satyrique, allais-je prendre à parti le gouvernement lui-même, quand une voix argentine vint couper court à mes réflexions. « Oh! le » pauvre petit, comme il est pâle, si jeune et déjà si » malheureux..... Viens, mon chéri! » Et une petite main blanche et potelée me prit légèrement dans mon nid, et me transporta dans la mansarde.

Je ne pourrais jamais exprimer la douce sensation que j'éprouvai au contact de cette main bienfaitrice; je sentis tout mon sang refluer vers le cœur et un *kouick* faiblement accentué fut tout ce que je puis dire alors pour lui exprimer ma reconnaissance.

A dater de ce moment, je me fortifiai dans ma résolution de rompre à jamais avec le peuple Pierrot et de vivre au milieu des hommes, sous l'égide de ma charmante protectrice. A peine étais-je dans la mansarde, qu'elle m'improvisa un petit appartement ouaté et me fit manger du biscuit et du pain blanc trempé dans du lait. Quel repas splendide ! quel luxe ! Je faillis en devenir fou. Un sommeil réparateur vint ensuite me récompenser de tous les maux que j'avais soufferts et me prodiguer les rêves les plus enchanteurs. Il me semblait manger des confitures sur les lèvres roses de ma jolie maîtresse, j'avais à mes ordres des princes Pierrots pour cirer mes appartements, et des *municipaux* pour bourrer mes pipes ; j'entrevoyais des choses plus mirifiques encore, quand la chûte d'un meuble sur le parquet me réveilla en sursaut.

Dieu des Pierrots ! Je ne perdis rien au change ! Ma maîtresse était à sa toilette. Un jupon blanc et court se drapait sur un corset dessinant une taille admirablement bien prise ; un madras noué négligemment sur sa tête laissait échapper des touffes de cheveux noirs qui se jouant sur son col en faisaient encore ressortir la blancheur, et un léger fichu, que le vent ne respectait pas toujours, ne couvrait qu'à demi l'ivoire de ses épaules. Représentez-vous toutes ces grâces supportées par une jambe fine et nerveuse que terminait un pied problématique, et vous n'aurez qu'une faible idée du tableau que j'avais sous les yeux. Quel joli petit animal, me disais-je ! il ne lui manque que des aîles pour être le résumé de toutes les merveilles de la création. Hélas ! j'ai appris plus tard qu'il lui manquait encore autre chose : la constance dans ses affections ; mais il paraît que cette dernière qualité est un phénix dans le genre ; tout le monde en parle, et personne encore ne peut se flatter de l'avoir rencontrée.

Il est inutile de dire que, malgré la longueur de la toilette, j'étais loin de m'ennuyer ; à chaque minute je faisais de nouvelles découvertes, dont je ferais part bien volontiers à mes lecteurs, mais les lois de l'hospitalité me forcent au silence. Quand son ajustement fut complet, ma maitresse se considéra long-temps dans la glace avec complaisance, étudia différentes poses plus gracieuses les unes que les autres, puis, prenant sur sa toilette un chiffon de papier qu'elle déplia, elle lut en chantant d'un air rêveur, plusieurs couplets dont je n'ai pu retenir que le dernier :

> Si dans la prairie
> S'égarent mes pas,
> Douce rêverie
> Me peint tes appas,
> Et sous le bocage,
> Le bruit du zéphir,

> Baisant le feuillage,
> Me semble un soupir.

Ah ! oui, dit-elle en terminant, soupirez, soupirez, beau troubadour, vous n'êtes pas trop malheureux et.... Mais elle acheva sa phrase intérieurement, et, me tirant de mon nid, elle m'appela des plus doux noms, me fit les plus tendres caresses et finit par me placer en certain lieu où je me trouvai pêle-mêle avec cinq à six billets semblables à celui que je venais de voir. Certes, personne, à l'exception peut-être de celui qui les avait écrits, ne se serait permis de venir les chercher là.

Je me considérai dès-lors comme archiviste de ma maîtresse, et mon premier soin fut de prendre connaissance de la bibliothèque dont je me trouvais le gardien. J'y lus six billets d'amour assez mal tournés. Ils me parurent de différentes mains et prouvaient plus en faveur de la passion des auteurs que de leur littérature. L'un d'eux néanmoins attira mon attention ; il était en vers, le voici :

> Si je pouvais d'un mot te faire une couronne
> D'amour et de bonheur !....

Mais ce que j'ai, je te le donne :
Cette rose et mon cœur.

Quelques feuilles de rose, desséchées, tenaient en effet au papier, qu'il était facile de reconnaître pour celui sur lequel on avait le plus médité, et Dieu sait pourquoi ! « Comment diable, me disais-je, peut-il faire
» une couronne d'amour et de bonheur avec un mot ?
» Est-ce qu'il est fleuriste ce monsieur ? Et quand même,
» à quoi bon écrire qu'il voudrait faire une couronne
» quand il est bien évident qu'il a en vue tout le con-
» traire ? Ensuite, il termine en donnant une rose et son
» cœur ; la rose, je ne dis pas, c'est si vîte fané et d'ail-
» leurs il y en a tant de toutes les couleurs ; mais son
» cœur ? c'est par trop naïf ; on ne donne pas ces choses
» là, on les prête... quand on ne peut faire autrement,
» et encore a-t-on souvent lieu de s'en repentir. Après
« cela peut-être était-ce la rime qui embarrassait ce
» monsieur, et cœur rime si bien avec bonheur ! Quant
» à moi je respecte la rime ; on ne sait pas de quoi l'on
» peut avoir besoin ; mais certes ma vénération n'irait
» pas assez loin pour lui sacrifier mon cœur, et à la
» place de l'auteur, j'aurais d'abord, bien conscien-

» cieusement, cherché une autre rime moins com-
» promettante, et, si je n'en eusse pas trouvé, j'aurais,
» ma foi, terminé ainsi :

> Mais ce que j'ai, je te le donne :
> Une rose et *une paire de brodequins.*

« Peut-être, objectera-t-on, qu'il n'avait pas de bro-
» dequins à sa portée quand il écrivait son quatrain,
» mais cette objection n'est pas sérieuse ; *Tartara** en
» fait de magnifiques ; il en a même en montre de forts
» jolis, de toutes nuances, et si petits, si petits, qu'on
» serait tenté de croire qu'il se promène de par la
» ville des pieds capables de les chausser. Après tout,
» la chose est bien possible, mais comment voulez-
» vous qu'on s'en aperçoive avec ces robes d'une
» longueur qui n'en finit pas ? »

Mais, dira-t-on, il est étonnant qu'un Pierrot en si
bas âge, ait pu acquérir assez d'expérience pour faire

---

*Place Royale, 35.

des réflexions de ce genre. Certes, au premier coup-d'œil, la chose paraît extraordinaire; mais je répondrai que si j'étais un Pierrot comme on en voit tant sur les toîts, ni plus huppé, ni plus effronté, je n'aurais pas écrit mes mémoires et la postérité n'aurait que faire avec moi.

Je demande bien pardon d'avoir interrompu le fil de ma narration, mais on trouve aujourd'hui tant de frondeurs, tant d'incrédules, qu'on ne saurait prendre contre eux trop de précautions. Je disais donc... Bon, qu'est-ce que je disais ? Je n'en sais plus rien, pas plus que ce j'allais dire, cependant il doit y avoir un moyen de retrouver son fil quand on l'a perdu... Rien, toujours rien, pas plus de fil qu'à l'épée de mon maître. — Alors, à nous les grands moyens ! Faisons comme les jolies femmes quand elles ne savent plus que dire... Je vais m'évanouir !... D'ailleurs, ce chapitre est bien assez long et il ne faut pas gâter le métier.

Chapitre 3.

—

Ne pouvant retrouver mon fil, je prends le parti de parler à l'aventure de mes relations de famille. — Comme quoi je pris en guignon un individu qu'on me donnait pour rival.

Je disais donc que j'allais m'évanouir, et je m'évanouis en effet. — Quand je repris mes sens, j'étais entouré d'une demi-douzaine de flacons de toutes sortes, que ma maîtresse me faisait successivement respirer, mais inutilement ; j'avais résolu de ne revenir complètement que quand elle m'aurait offert quelque chose de plus solide, ce qui ne se fit pas attendre, car elle me mit sous le bec un biscuit sortant du moule. Je m'y précipitai avec toute la voracité d'un convalescent, et ma petite comédie eut un plein succès. — Je sais qu'on pourrait dire bien des choses sur la manière dont ce chapitre est lié au précédent, mais je n'y puis rien changer, et je refuse même de donner, soit verbalement, soit par écrit, aucune espèce d'explication.

Pendant les huit jours qui suivirent, rien ne vint troubler les douceurs de ma nouvelle situation. Grâce à la bonne chère et à la quiétude de mon âme, j'avais pris un développement extraordinaire pour mon âge. Mes aîles commençaient à me soutenir dans l'air, et le premier usage que j'en fis, fut d'aller, en l'absence de ma maîtresse, faire une petite visite à mes parents.

Je crus devoir user de quelque précaution avant de me présenter ; je craignais qu'après la douleur que leur avait occasionnée ma fuite, ma présence ne leur fît éprouver une trop vive sensation ; mais, c'était une peine inutile. On s'était déjà partagé tout mon avoir et je lus dans les yeux des nouveaux propriétaires que je serais fort mal reçu si je venais pour revendiquer mes droits. Rien qu'à cette idée, ma mauvaise petite sœur pleurait de dépit avec le seul œil que son accident lui eût laissé.

Quand on connut mes dispositions pacifiques et le but de ma visite, on me fit mille et mille amitiés; mais comme le garde-manger n'était pas très-bien fourni, j'allai à la mansarde chercher de quoi faire bombance. J'avoue que ce ne fut pas sans une petite satisfaction d'amour-propre que j'étalai mes richesses devant ma famille; j'éprouvais un certain plaisir à jouir de leur étonnement et de leur appétit que je ne pus assouvir qu'à l'aide de trois ou quatre voyages à mes provisions.

La rapacité de mes parents ne put tenir contre la reconnaissance de l'estomac. Chacun, à l'envi, me fit des compliments qui ressemblaient à du respect, personne ne me tutoya plus et je fus forcé de me fâcher pour rétablir cette douce intimité qui fait le charme des familles. Ma pauvre mère pleurait de joie et mon père, à qui son sexe interdisait cette douce faiblesse, se curait le bec pour se donner une contenance, en disant qu'il n'avait jamais douté de ma réussite dans le monde et que mon apathie primitive lui avait toujours semblé un signe certain de l'activité que je déploierais plus tard. Je ne voulus pas relever cette allusion au passé pour ne pas troubler la joie commune, et, après avoir donné quelques particularités sur mes aventures, je regagnai ma fenêtre, non sans avoir promis de renouveler ma visite, ce que je comptais faire en effet.

J'oubliais de dire que je n'avais pu voir l'aînée de mes sœurs. Elle était absente pour les soins du ménage; mais, à son retour, elle s'empressa de venir frapper à ma fenêtre, qui malheureusement se trouva fermée, et nous dûmes nous contenter du plaisir de nous voir et d'échanger quelques mots au travers des vîtres. Je ne pus m'empêcher d'admirer le bon air de ma sœur. Elle était grande et bien faite; ses aîles longues et bien cirées venaient se perdre dans les replis de la queue la plus coquette que j'aie jamais vue; son œil noir et perçant allait droit au cœur, et au premier examen, je tremblai pour le repos des Pierrots du voisinage. Je remis à un autre jour le petit sermon que je lui destinais sur le danger des beaux yeux; quant à la manière de s'en servir, je n'avais rien à lui apprendre, c'est un talent naturel chez toutes les femelles et je devais, hélas ! en faire plus tard, à mes dépens, la plus cruelle expérience !

Quinze jours s'étaient écoulés depuis ma fuite du toît paternel, et la vie se présentait à moi sous les plus heureux auspices. Je me félicitais de l'ingénieuse idée qui m'avait conduit à cet état de prospérité, lorsqu'un événement de la plus haute importance vint couper court aux douceurs de mon existence.

Ma maîtresse, je ne sais par quelle bizarrerie de son caractère, se prit d'une passion subite pour un misérable petit quadrupède blanc, à pattes noires, à l'air bête et à la queue en trompette. C'était un chat, ni plus ni moins ! Ma parole d'honneur !.... Je n'ai jamais pu m'expliquer la rage qu'ont les femmes en général de cultiver ce genre d'animaux, dont l'unique mérite consiste à vous égratigner au moment même où ils semblent vous faire les plus douces caresses. Est-ce analogie de caractère ? est-ce caprice ? je l'ignore ; mais toujours est-il que, si je tenais le dernier de cette abominable race, je lui enfoncerais jusqu'au front mon bec dans le cœur.

C'est à l'arrivée de cet étranger dans mon charmant réduit que toute satisfaction personnelle me fut enlevée. Par une foule de petites mines plus ridicules les unes que les autres, il accapara toute la tendresse de notre maîtresse commune. Oh! toutes les fois que j'y pense, je sens le rouge me monter au bec. Il passait des heures entières à tourmenter un chiffon de papier noué autour d'une ficelle! Avec quel plaisir, quelle volupté, je t'en eusse fait une cravate de ta maudite ficelle!!! — Dès lors la jalousie me mordit au cœur, et les serpents de la vengeance ne me laissèrent pas un instant de repos. Un nuage de sang me passait sans cesse devant les yeux; je perdais l'appétit, en un mot je me fanais dans ma fleur comme un lys sur sa tige. C'en était trop. Ne pouvant plus vivre au milieu de tous ces tourments, je résolus de me débarrasser de cet être incommode, et voici le moyen que j'employai.

Je remarquai que tous les jours, quand il avait dévoré sa pâtée, et même la mienne, Bijou (c'était le nom que ma maîtresse lui donnait) se couchait mollement dans une petite corbeille et faisait la sieste avec accompagnement de cet éternel *rognonement,* qui est le propre de cet espèce d'animaux, et je pris le parti de profiter de ce moment pour l'envoyer faire ses singeries dans l'autre monde. Cette résolution semblera peut-être téméraire, surtout si l'on considère que je n'avais pour toutes armes que mon bec, mais je me sentais un courage à toute épreuve, et la ruse devait entrer pour beaucoup dans mes plans, quel que fût d'ailleurs le mode de destruction auquel je donnerais la préférence.

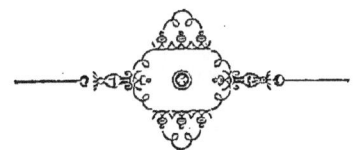

Chapitre 4.

—

Où l'on trouve des considérations d'une profondeur remarquable sur les différents moyens, plus ou moins légitimes, d'envoyer son ennemi ad patres.

Certes, quand on est bien décidé à mettre sa propre vie en jeu pour détruire celle de son semblable, les moyens d'exécution ne manquent pas, et pour peu qu'on ait d'imagination, on en trouve à l'infini, de sorte que l'on n'a plus que l'embarras du choix.

Comme je ne tenais pas à doter mon pays d'une innovation dans l'espèce, je m'arrêtai spécialement à quatre modes différents, mais bien connus :

1° Le duel ;
2° L'assassinat avec guet-apens et préméditation ;
3° La vendetta ;
4° Et enfin la guerre à l'anglaise.

Le duel, tout d'abord, avec ses allures chevaleresques et ses préparatifs imposants, parvint à captiver mon attention ; mais en y réfléchissant je fus conduit à y renoncer. Malgré tout mon bon droit, me disais-je, et le courage que je me sens capable de déployer sur le terrain, ne peut-il pas arriver que Bijou soit plus heureux que moi et qu'il me laisse mort sur la place ? Alors, adieu ma vengeance et je me trouve, ni plus ni moins, dans le cas d'un mari qui se bat, pour cause à lui connue, et qui, outre cela, reçoit une once de plomb dans le cerveau : de sorte qu'il est tout..... excepté vengé. Non, je ne veux pas du duel ; on peut l'employer, tout au plus pour réchauffer un peu l'amour d'une maîtresse qui va vous quitter et dont la sensibilité et l'amour-propre se trouvent plus ou moins excités selon que vous avez reçu une égratignure plus ou moins profonde ; cela vous donne aussi pendant quelques jours un air intéressant, mais de tels moyens sont indignes de moi. Qui me dit d'ailleurs que je ne rencontrerais pas chez Bijou ce fameux *courage civil* inventé par Dupin ?... Enfin, la législation sur le duel n'est pas encore bien établie et je ne veux agir qu'on pleine connaissance de cause.

L'assassinat ? ah oui ! Comme le cœur doit battre, lorsque, caché dans l'ombre, on entend approcher sa victime ! Avec quelle atroce volupté on doit lui plonger par derrière le poignard dans le cœur, en lui jetant à l'oreille, en guise d'adieu, le nom de son bourreau !... Oui, mais si l'on a mal pris ses mesures et qu'on soit saisi sur le fait ? Il faut comparaître devant les assises; il faut entendre de longs et monotones réquisitoires, bardés des mêmes lieux communs, assaisonnés des mêmes gestes et accueillis avec les mêmes bâillements; c'est à dormir debout, c'est mourir deux fois... Je renonce à l'assassinat.

La vendetta aurait bien ses charmes ; mais il faut pour cela un théâtre préparé, un soleil brûlant, un ciel bleu, la Corse ou l'Italie. Ici, j'aurais l'air d'un plagiaire, ou plutôt on ne me comprendrait pas, on dépoétiserait ma vengeance, on la taxerait d'assassinat, et je viens d'y renoncer. Décidément je n'userai pas de la vendetta.

Reste donc la guerre à l'anglaise. On a peur de quelqu'un dont on voudrait bien cependant se débarrasser ; on n'ose pas l'attaquer franchement de crainte d'être battu, alors que fait-on ? On dresse en secret un long manifeste de ses grifs contre le quelqu'un en question, mais on se garde bien de le lui laisser soupçonner ; puis, un beau jour, quand on a bien fait tous ses préparatifs, on se précipite sur lui, à l'improviste, et quand on l'a passablement *éreinté*, on répand partout le manifeste susdit, on se campe bravement devant l'ennemi demi-mort ; s'il tente de se défendre, on l'achève et tout est dit. On rentre chez soi couvert de gloire et l'on se fait ériger des statues plus ou moins équestres.

Je ne pousserai pas la chose jusqu'à la statue, mais

je crois que ce dernier moyen fait parfaitement mon affaire et je m'y arrête.

Une fois cette résolution prise, il ne s'agissait plus que de la mettre à exécution. Pour bien comprendre le combat à outrance que je vais rapporter ici, il est indispensable que je donne à mes lecteurs une parfaite connaissance du champ de bataille.

Chapitre 5.

—

Où le traducteur de ces mémoires croit devoir prendre la parole pour un fait personnel.

Je venais de traduire tant bien que mal le chapitre
qu'on vient de lire, à l'exception du dernier paragra-
phe, lorsque je sortis de chez moi pour prendre l'air.

Contrairement à mon habitude, j'avais laissé sur ma table les résultats de ma traduction, sans penser qu'il pût y avoir à cela le moindre inconvénient.

Quelle ne fut donc pas ma surprise, ma stupéfaction, à mon retour, en trouvant sur mes papiers un mot d'écrit tracé d'une main qui ne m'était pas inconnue. Le voici :

« Monsieur,

» Je rends grâces au hasard qui m'a fait connaître
» enfin le résultat de vos ténébreuses élucubrations.
» Quand on professe de pareilles opinions, on ne peut
» s'attendre raisonnablement à trouver des sympathies
» autre part qu'au bagne. Vous ne me reverrez de la vie.

« Adieu. »

Par discrétion, je crois devoir supprimer la signature et je conserve l'espoir que ce livre me réhabilitera un peu dans l'opinion de l'auteur de cette lettre.

Chapitre 6.

—

Comment je parvins à faire faire à **Bijou** une singerie de ma façon, surpassant toutes celles qu'il avait exécutées jusqu'à ce jour.

La corbeille dans laquelle dormait Bijou servait à ma maîtresse de boîte à ouvrage ; elle était placée sur l'appui de la fenêtre, ouverte alors, et dépassait extérieurement la tablette, de sorte qu'en sortant de ce côté, on tombait immédiatement dans la rue. Sous la corbeille et par suite de l'élévation du chambranle de la fenêtre, se trouvait un espace assez vaste pour me servir de retraite et me garantir de la colère de mon ennemi, si je ne réussissais pas.

Bijou dormait profondément et le bout de son museau reposait sur le bord de la corbeille donnant sur la rue, ce qui rendait l'exécution de mon plan d'autant plus facile. Voici quelles étaient mes intentions :

Je devais venir me percher près de la tête de Bijou, d'un coup de bec lui crever un œil, et me retirant en dehors, me soutenir sur mes ailes en face de lui, mais hors de la portée de sa griffe. Exaspéré par la douleur, Bijou n'ayant pas le temps de la réflexion se précipiterait sur moi et, sautant dans le vide, il se casserait les reins sur le pavé et me délivrerait ainsi des tourments de sa présence. Si Bijou ne faisait pas le saut, il avait toujours un œil de moins et ma vengence, quoiqu'incomplète, n'était pas entièrement stérile.

Toutes mes dispositions prises, je résolus d'agir sans

plus tarder et, m'étourdissant sur le plus ou moins de légalité de l'acte que j'allais commettre, je me mis à l'œuvre.

Je ne veux pas faire le fanfaron. J'avoue qu'arrivé à portée de bec de l'œil de mon adversaire, je fus saisi d'un frisson universel et forcé de suspendre un instant mon attaque, de peur que les battements de mon cœur ne la fissent avorter ; mais, à mesure que je considérais cette mine doucereuse, je sentais la colère prendre le dessus, et, me ramassant sur moi-même, les pattes fortement cramponnées à la corbeille, je décochai dans l'œil de Bijou le plus vigoureux coup de bec qui, de mémoire de Pierrot, ait jamais été donné, et en même temps j'exécutai mon mouvement rétrograde.

Ce que j'avais prévu arriva ; Bijou, fou de douleur, voulut se précipiter sur moi, mais le sol manquant sous ses pas, le coup de griffe qu'il me destinait porta dans le vide et lui-même tomba de tout son poids sur le pavé, où il resta sans mouvement !

Cette victoire faillit m'être fatale. — Dès que mon courage ne fut plus soutenu par la colère, je le sentis s'évanouir tout d'un coup, un tremblement convulsif s'empara de moi, je n'eus que le temps de rentrer précipitamment dans la mansarde et de me jeter sur une étagère où je perdis connaissance.

Quand je revins à moi, Bijou, qu'on avait rapporté, jetait des cris lamentables et se débattait de toutes ses forces pendant qu'on lui appliquait un emplâtre sur l'œil. Il paraît que sa chûte n'avait pas été aussi meurtrière que je m'y attendais, tant il est vrai que, quoiqu'il arrive, il est des êtres qui se retrouvent toujours sur leurs pattes.

Bijou avec son emplâtre sur l'œil avait une mine si comique que je ne pus retenir un bruyant éclat de rire. Cet enragé petit animal m'ayant aperçu, s'arracha des mains de ma maîtresse, qu'il égratigna jusqu'au sang, et se mit à faire des bonds jusqu'au plafond en me donnant la chasse. En comparaison de sa fureur, celle de Roland n'était qu'un jeu d'enfant; mais grâce à mes ailes je ne m'en effrayai pas, je m'amusai au contraire à lui faire des pieds de bec et ne cessai de me moquer de lui que lorsque harassé de fatigue il fut contraint de se tenir en repos.

Après ce qui venait de se passer, il nous devenait impossible de vivre sous le même toît. J'effleurai donc de mon aile, en guise d'adieu, la joue rose de ma maîtresse et, dérobant dans l'écuelle de Bijou un reste de biscuit, je pris ma volée dans la ville.

Chapitre 7.

—

Où l'on trouve des raisonnements un peu larges sur le droit de se rendre justice à soi-même et comment j'appris par hasard pourquoi les Cosaques ne rentreront jamais en France.

Quand je me trouvai seul sur les toits, livré à moi-même et sans aucun but bien déterminé, une foule de réflexions me traversèrent l'esprit. Mon isolement me fit peur et, sans ma haine bien invétérée contre Bijou, j'aurais peut-être regretté les excès auxquels je m'étais porté. Cette malencontreuse affaire allait sans doute faire beaucoup de bruit, et qui sait jusqu'à quel point ma liberté individuelle pouvait se trouver compromise? Il me sembla d'abord que les Pierrots qui passaient près de moi me montraient au doigt, quelques-uns avec un geste de pitié, d'autres avec un rire moqueur ; mais tous certainement de manière à me faire connaître que quelque chose de particulier en moi attirait leur attention.

« Funestes effets des passions, me disais-je ! Aujour-
» d'hui on est calme et tranquille, on marche dans la
» vie comme dans une allée uniformément sablée; mais
» tout-à-coup se présente un léger obstacle, on veut
» aussitôt l'enlever, il résiste et l'on s'obstine, on fait
» pour cela des efforts inutiles; alors l'amour-propre
» s'en mêle, on s'y acharne de toutes ses forces, et ce
» qui dans le principe n'était qu'un caprice devient
» un besoin impérieux devant lequel on ne veut pas
» reculer. On sait que l'on se jette dans une impasse
» dont on ne pourra sortir; peu importe, raison, pru-
» dence, tout est oublié, et l'on se précipite en aveugle.

» Réveillé par la chûte, on se lamente, on se demande
» s'il est bien possible qu'on se soit livré à une telle
» extrémité, on se tâte, on croit rêver, mais les dou-
» leurs physiques auxquelles viennent se joindre les
» douleurs morales vous enlèvent bientôt jusqu'à
» l'ombre du doute.

» Telle est ma position, me disais-je, et cependant
» qu'ai-je fait? J'étais heureux, lorsqu'un animal que
» je ne connais pas vient m'enlever tout ce qui faisait
» ma satisfaction ici bas. Pouvais-je réclamer près de
» la justice? Non; mes plaintes n'eussent pas été écou-
» tées. Il n'existe pas de loi qui défende à une jeune
» fille d'aimer simultanément un chat et un Pierrot.
» Néanmoins j'étais lésé, tout doute à cet égard m'est
» interdit. Donc les lois sont impuissantes contre cer-
» tains torts faits au prochain. Donc j'avais le droit, en
» l'absence de toute législation, de me tirer d'affaire
» moi-même.

» Il est évident pour moi que si Bijou n'eût pas
» compté sur l'assistance du procureur du roi, il se
» serait bien gardé de venir me voler l'affection de ma
» maîtresse et serait allé se pavaner ailleurs. Mais pas

» du tout, M. Bijou était plus fort que moi, il pouvait
» m'assommer d'un coup de patte, et mon lot à moi
» était de me laisser faire ! et l'on appelle cela de la
» justice, de la civilisation ! Que sais-je moi ? Et chacun
» se frottant les mains trouve que cela est charmant !
» Dérision !! Je ne le souffrirai pas et dussé-je ameuter
» contre moi tous les parquets de l'Europe, je me rendrai
» justice quand on me la refusera. Que si chacun agis-
» sait de même à l'occasion, les Bijous de tout genre
» rentreraient leurs griffes et y regarderaient à deux
» fois avant de marcher sur la patte à un Pierrot tel
» que moi ! »

La nuit me surprit au milieu de ces réflexions et je me disposais à chercher un abri, quand, tournant par hasard la tête derrière moi, je m'aperçus que je n'avais plus de queue ! Malédiction !!!

Le coup de griffe de Bijou m'avait privé de cet enjolivement et, dans le feu de l'action, je n'en avais rien senti. Dès lors je me rendis compte des sourires dont j'avais été l'objet pendant une partie de la journée et je donnai quelques larmes de regret à cette partie postérieure de mon individu, puis je me consolai en pensant que cette perte n'était pas irréparable et que le temps m'en ferait pousser une autre que je me proposais de mieux défendre à l'avenir.

Le plus pressé pour le moment était de me garantir pour la nuit des intempéries auxquelles le genre de vie que j'avais mené jusqu'alors ne m'avait pas appris à résister. Le ciel était noir, les nuages poussés par le vent fuyaient à l'horizon et étaient aussitôt remplacés par d'autres qui menaçaient de crever sur la ville. Avec le peu d'habitude que j'avais des localités, il me fut d'abord difficile de me loger convenablement. Enfin j'aperçus sur une vaste place une saillie de fenêtre assez avancée pour me servir de refuge, et je m'en accommodai.

Bien m'en prit, car à peine y étais-je installé que la pluie tomba par torrents, et c'est au bruit monotone des gouttières que je m'endormis.

Je ne sais depuis combien de temps je jouissais des douceurs du repos, quand je fus réveillé en sursaut par un cliquetis d'armes au milieu duquel je compris la conversation suivante :

Une voix : — Qui vive ?

Réponse : — *Trouille.*

La voix : — Halte-là ! — Caporal, hors la garde, — v'nez r'connaît'*trouille.*

Au même instant il se fit au-dessous de moi un bruit de porte et j'entendis de nouveau :

Le caporal : — Qui vive ?

Réponse : — *Trouille.*

Le caporal : — Avance à l'ordre.

Pendant ce colloque, *la trouille* devait se détremper horriblement sous les nappes d'eau qui tombaient du ciel ; enfin on se parla bas à l'oreille et la *trouille* continua sa promenade nocturne. On m'a dit depuis que cette conversation mystérieuse rentrait dans les devoirs de la civilité militaire : c'est, assure-t-on, une manière de se souhaiter le bon soir et d'empêcher une invasion de Cosaques. Cela peut être excessivement vrai, mais c'est fort drôle, et si messieurs les Cosaques se doutaient de cela, ils ne laisseraient pas que d'être flattés de cet innocent souvenir.

Chapitre 8.

Comment m'étant décidé à entrer dans un restaurant j'y trouvai, outre ce que je désirais, quelque chose que je ne cherchais nullement.

Je me rendormis sans crainte d'aucune invasion; mais les événements de la journée se reproduisirent à nom esprit sous d'autres formes. Je rêvai qu'on levait la cataracte à Bijou et que le docteur, par une malencontreuse erreur, opérait sur le bon œil, de sorte que le pauvre diable, de borgne qu'il était devenait aveugle. Il paraît que je n'étais pas étranger à ce nouveau malheur, et je sentais que, pour m'en punir, il me poussait une queue en tout semblable à celle de Bijou : j'étais au désespoir. Je faisais des efforts surhumains pour extirper ce membre parasite et ridicule; mais ne pouvant y parvenir et ne sachant plus à quel saint me vouer, je criai à la garde et me réveillai en même temps.

Cette fois, il était jour. J'avouerai, à ma honte, que mon premier soin fut de me tâter, afin d'être bien certain que je n'avais nulle ressemblance avec Bijou, et ce ne fut pas sans une douce satisfaction que j'en acquis l'assurance. Il n'y avait rien, littéralement rien. — Depuis j'ai fait bien des rêves, d'une autre nature, il est vrai, et je les trouvais trop courts, car souvent leurs douces illusions m'ont été plus chères que la réalité. C'est que le réveil est moins cruel qu'un remords et ses suites beaucoup moins désastreuses !

Qu'allais-je faire de mon indépendance ? Rentreraisje dans la classe ordinaires des Pierrots où je serais accueilli par les sarcasmes et la haine de mes parents, ou, malgré les déceptions que je venais d'éprouver dans le monde, aurais-je le courage de m'y lancer une seconde fois? La première épreuve m'avait coûté la queue et l'une des plus tendres illusions de la vie, l'amitié. Risquerais-je à la seconde, outre le reste de mon corps, cette virginité du cœur encore assoupie en moi, mais que je sentais prête à s'éveiller? D'une part l'amour-propre, de l'autre cette ardente curiosité, besoin instinctif de tout être pensant, me firent pencher pour la seconde épreuve ; seulement je me promis de prendre mon temps pour faire un choix convenable. Mais, comme on dit vulgairement, je comptais sans mon hôte ; la faim, cette infirmité universelle, me fit ressentir ses atteintes. N'étant pas habitué à chercher ma vie, ignorant d'ailleurs toutes les petites ruses de mes semblables pour attraper quelques miettes de pain, toutes mes peines pour y parvenir furent infructueuses et midi sonnait que je n'avais encore rien *dans le jabot*.

J'errais de toît en toît, me reposant sur chaque gouttière, car les forces commençaient à m'abandonner et je me demandais ce que j'allais devenir, lorsque j'aperçus tout-à-coup en face de moi plusieurs personnes mangeant à une table ronde dans une salle au rez-de-chaussée. A la distribution de cette salle, je jugeai qu'on y donnait à manger à tout le monde et je résolus d'en profiter.

Je pris mon vol en conséquence et déjà je touchais à la porte, quand un vieux chien qui dormait au soleil et que je n'avais pas d'abord aperçu, se précipita sur moi et ne me laissa que le temps de prendre la fuite ; il est vrai que ce brave invalide n'avait plus une seule dent, mais toujours est-il que j'aurais passé dans sa gueule un fort mauvais moment.

Malheureusement pour moi, dans mon trouble, je me trompai de direction ; au lieu de sortir, je m'enfonçai dans un corridor et tombai exténué de faim et de fatigue au milieu de cinq à six personnes toutes occupées à faire la cuisine. L'une d'elles me prit sous sa protection et me donna à manger; il était temps. Séduite sans doute par mes grâces naturelles et désirant à tout prix me conserver, elle me coupa les ailes pour m'enlever tout espoir de fuite.

C'en était fait, le crime était consommé ! J'étais esclave ! Cette avilissante position ne pouvait me convenir. Le désespoir s'empara de moi et je fis aussitôt tous mes efforts pour mettre fin à ma malheureuse existence.

J'étais dans la cuisine de l'établissement, je suppliai la maîtresse de la maison d'achever le sacrifice, de me tuer, de me faire frire ou de me mettre à la broche, peu m'importait. Je lui représentai le bénéfice qu'elle en tirerait, je m'abaissai même jusqu'à lui dire que j'étais très-gras et que je ferais honneur à sa table ; mais rien ne put la fléchir, et, malgré mes cris et mes coups de bec, je fus mis en cage impitoyablement.

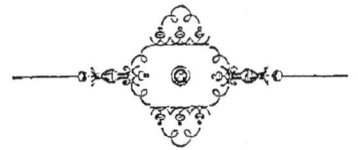

Chapitre 9.

De Carybde en Scylla.

« Néant des grandeurs, me disais-je ! Hier j'étais au
» comble du bonheur, rien ne manquait à mes désirs et
» aujourd'hui me voilà sans queue, les ailes coupées,

» renfermé dans une cage de fer comme un vil criminel
» ou comme une bête fauve. Quel sera désormais mon
» sort? Quand même par force ou par ruse je recou-
» vrerais ma liberté, pourrais-je en faire usage dans
» le cas où m'a placé la barbarie de mes bourreaux ? »
— Néanmoins je renonçai au suicide et voulus braver
le destin. — « C'est dans l'adversité, me disais-je, que
» brille le vrai courage. Soyons digne dans nos infor-
» tunes et montrons à ces bipèdes sans plumes que s'il
» est en leur pouvoir de nous écraser, ils sont impuis-
» sants à nous avilir ! » — Et, sans plus tarder, je me
mis à déjeûner pour la seconde fois, tout en examinant
ce qui se passait autour de moi.

Un horrible spectacle s'offrit à mes yeux ! Deux ou
trois douzaines de mes concitoyens étaient gisant sur
la table; on leur avait coupé la tête afin de les faire
passer pour des allouettes, et c'est en cette qualité
qu'on allait les offrir à la voracité des abonnés ! Je
frémis d'horreur à cette vue ; mais le cœur se blâse
vite. Réfléchissant que pareil sort ne m'était pas des-
tiné, puisqu'on avait pris la peine de me mettre en
cage, je continuai mon déjeûner. A quoi bon des larmes
et des regrets en présence de malheurs irréparables ?

Je passai une assez bonne nuit. Mais quand je me réveillai j'avais un grand rhume de cerveau. L'absence de la plus grande partie de mon plumage en était sans doute la cause. Je supportai ce nouveau malheur sans sourciller et me mis en devoir de dévorer mon déjeûner. On pourra dire que je puise toutes mes consolations dans mon estomac, c'est vrai, je l'avoue, je suis quelque peu épicurien et je connais beaucoup de détracteurs de cet illustre philosophe qui ne prennent pas leurs consolations à une autre source, seulement ils ne l'avouent pas. Là gît toute la différence entr'eux et moi.

A onze heures environ, j'entendis de grands éclats de rire; puis ma cage s'ouvrit, une main s'y glissa, me saisit et me transporta dans le salon commun. « Le Pierrot! le Pierrot! » crièrent plusieurs voix, « montrez-nous le Pierrot! » et je passai dans une autre main. On me plaça sur la table et j'entendis mon bourreau de la veille qui se défaisait de moi en faveur de l'un des assistants. Chacun me considéra tout à son aise, on fit sur mon compte des réflexions plus ou moins flatteuses, puis on me baptisa. On discuta long-temps pour savoir quel serait mon nom ;

j'entendis prononcer plusieurs fois *Pritchard, Roland, Buridant*, et, après une mûre délibération et à l'unanimité des voix, ce fut ce dernier qui me resta. Je m'appelais Buridant, je devais désormais répondre à ce nom et le transmettre d'âge en âge à la plus lointaine postérité.

Je m'abstiendrai de toutes réflexions sur le compte de mon nouveau maître. Au moment où je trace ces lignes je vis avec lui depuis bien long-temps et je le connais parfaitement; mais comme ce manuscrit pourrait d'un moment à l'autre lui tomber entre les mains et qu'il est très-versé dans la langue des Pierrots, je craindrais que le portrait que je pourrais donner de lui ne fût pas entièrement de son goût et qu'il m'en gardât rancune. D'ailleurs il n'a jamais rempli près de moi que les fonctions de mon premier valet de chambre, et si parfois je l'ai élevé jusqu'au rôle de confident, c'est qu'alors ses services m'étaient indispensables. J'ai toujours eu pour principe qu'il ne fallait pas se montrer trop bienveillant pour ces sortes de gens, parce qu'ils ne sont que trop portés à en abuser et à s'en faire au besoin une arme contre nous. Tout ce que je puis dire, c'est qu'en somme je ne suis pas trop mécontent de ses services et que s'il persévère, je lui ferai un sort.

Chapitre 10.

Où l'on touche en passant le point épineux du mariage considéré sous le rapport de ses effets civils.

Il semblerait qu'en terminant le chapitre précédent, je me sois mis en contradiction avec moi-même à propos des mots *maître* et *domestique* que j'ai employés pour désigner une même personne, mais il n'en est rien. Tout d'abord, il est vrai, j'ai l'air d'être esclave. Cependant, tout bien considéré, lequel des deux sert l'autre, est-ce mon maître? est-ce moi? Certes, ce n'est pas moi. Il n'est pas jusqu'au moindre de mes caprices qui ne soit un devoir pour lui; mais il ne s'y croit pas forcé, et là est le mot de l'énigme. Tous ses égards pour moi passent sur le compte de sa complaisance, et son amour-propre est satisfait. Je me garderai bien de lui laisser entrevoir le secret ; il me suffit d'être le maître et je lui abandonne volontiers les apparences.

Eh! mon Dieu ! cela n'a rien d'étonnant, et vous, mes chères lectrices, qui de par la loi vous trouvez autant que par votre choix sous puissance de mari, je voudrais bien que vous me dissiez franchement ce que devient dans la pratique le second membre de l'article 213 du code civil — « la femme doit obéissance à son mari. » — Avouez, avec moi, que ce grand bambin qu'on a qualifié du nom d'homme, est bien l'être le plus docile de la création, quand une fois vous vous êtes mis dans la tête d'entreprendre son éducation. En le flagornant un peu, vous lui faites faire toutes vos fantaisies et, ce qui est plus fort, vous savez lui persuader qu'il est le seul maître et que vous, tendres colombes, vous n'exécutez qu'en tremblant ses moindres volontés. Serpents, va !

Après tout, vous avez raison d'en agir ainsi, et si j'avais l'honneur — ce dont Dieu me garde — d'appartenir à la plus belle moitié du genre humain, je voudrais qu'avant six mois il n'y eût plus un seul trône occupé par un roi, (la couronne sied si bien à une jolie tête.) Je chasserais tous les hommes des places du gouvernement, sauf une seule que je leur abandonnerais pour sauver leur amour-propre, celle de colonel de la garde nationale en temps de paix. Ah ! j'oubliais, j'en ferais encore, — mais provisoirement et seulement jusqu'à ce qu'on eût inventé un nouveau procédé — j'en ferais encore, passez-moi le mot, quelque chose comme des Cobourgs.

A la rigueur, je pourrais me dispenser de ces tirades étrangères à ma vie ou qui du moins n'ont avec elles que des rapports fort éloignés ; mais je suis entraîné par le courant. Je vois partout les hommes les plus superficiels, écrivant des livres qui ne le sont pas moins, jeter de temps à autre sur le papier, pour augmenter la grosseur du volume, ou plutôt pour faire plusieurs volumes, des réflexions soi-disant philosophiques ou sociales, sans que cela ait d'autre inconvénient que d'ennuyer le lecteur. Quant à moi je pourrais, dieu merci, en faire autant, car je suis philosophe depuis l'extrémité de mes plumes jusqu'au bout de mes pattes, mais tel n'est pas mon dessein, je voudrais seulement pouvoir dire une foule de petites méchancetés qui me trottent par la tête, et je n'ose pas; j'aurais besoin d'un conseil, mais à qui le demander?—A un avoué?—Non, je serais certain d'avoir plusieurs procès?—A quelques jolies femmes?—Encore moins, elles en ont le monopole—des méchancetés.—Elles ne voudraient pas me laisser marcher sur leurs terres. — A mon maître?— Inutile, c'est l'animal le plus pacifique de la création, je suis sûr d'avance de la réponse qu'il me ferait. Et dire qu'en plein 19ᵉ siècle on hésite à épancher son cœur de Pierrot! Il faut que je m'occupe du plan d'une nouvelle constitution, de laquelle il résultera qu'on pourra tout écrire, même ce que l'on pense. Alors tant pis pour ceux qui se fâcheront, cela prouvera qu'ils ont l'esprit mal fait.

Chapitre 11.

—

Où l'on trouve admirablement bien résolue une question de théologie transcendante qui jusqu'à présent avait fait le désespoir des casuistes les plus huppés.

Je sais très-bien qu'au milieu de toutes ces imaginations, de tous ces zigzags, l'action principale mollit, que l'intérêt se perd. Mais après tout qui en souffre ?

le héros.—Eh bien ! le héros c'est moi; je suis bien libre de me faire un peu souffrir si cela me convient. Je me pose comme devant inspirer l'interêt, c'est vrai; mais si je n'obtiens pas la ration à laquelle j'ai droit de prétendre, si mon budget d'admiration ne se trouve pas rempli, alors je me donnerai la mienne, du moins je serai sûr de la qualité. Enfin, si une première édition de mes mémoires ne prend pas, je n'en tirerai pas d'autres; mais pour la satisfaction de mon amour-propre, je commencerai par la 10e et je n'aurai pas un brevet d'invention: cela se voit tous les jours et ne fait de tort à personne. On dira peut-être que c'est un coup de pied au nez de la vérité, c'est possible; mais elle en a tellement l'habitude, cette candide enfant, qu'elle ne s'en occupe plus, et certainement elle pourrait rivaliser dans ce genre d'exercice avec le paillasse le plus consommé. Il n'y a que le point de mire de changé.

Je disais donc que je venais d'être baptisé, et par ce fait seul pour lequel on ne m'avait pas même consulté, je me trouvais soumis à une foule de devoirs dont l'oubli d'un seul suffit pour me faire bouillir dans l'éternité. «Ah! pourquoi, me disais-je, la maîtresse du restaurant » ne m'a-t-elle pas voulu mettre à la broche avant

» cette malencontreuse opération ? Je serais sûr de pas-
» ser ange d'emblée et à peu de frais encore, on n'au-
» rait qu'à attendre que mes aîles fussent revenues ! »

A propos d'anges, je me suis souvent demandé pourquoi tous ceux dont les noms sont venus à ma connaissance, ainsi que ceux que j'ai vus en peinture, sont, sans exception, du sexe masculin. Est-ce une bizarrerie de la nature, ce qui serait souverainement injuste, ou cela ressort-il de la cause même de l'institution ?

Après des recherches très-laborieuses et les renseignements pris aux meilleures sources, je puis donner comme certain le résultat suivant :

Il est de toute évidence qu'il existe de bonnes et de mauvaises femmes. Les unes ayant exercé sur la terre la profession d'anges, ne peuvent se retrouver dans le ciel sous la même enveloppe, il y aurait double emploi. Les autres n'ayant jamais été ici bas autre chose que des diables, comme la notoriété publique pourrait au besoin l'attester, ne peuvent sous aucun prétexte nous être présentées comme des anges, fût-ce même en peinture, la transition serait trop brusque, personce ne voudrait y croire. Or, la qualité d'anges ne souffrant pas de médiocrité, de terme-moyen, il demeure bien et dûment démontré, qu'ils ne pouvaient être tous que du genre masculin. Donc, etc. Mais il fallait bien faire un sort aux femmes qui ont été des anges sur la terre, ceci est incontestable, direz-vous. J'en conviens, aussi en a-t-on fait des Vierges. C'est un assez beau partage.

Si je ne me trompe, avant cette judicieuse digression, nous en étions au déjeûner. Cette opération gastronomique terminée, chacun se leva de table. Mon maître entra dans la cuisine, fit prix pour ma pension, et à dater de ce jour je devins commensal de *la table ronde.* Ce procédé m'alla droit au cœur, j'allais presque dire à l'estomac, et si j'avais eu la moindre répulsion contre mon propriétaire, elle se serait évanouie devant cette noble manière d'agir.

Comme je n'étais pas assez grand pour m'asseoir à table, on convint de me placer sur la cheminée sous une cloche à fromage en cristal, où je serais servi à souhait. On stipula que je ne mangerais que dans de l'argenterie, que la cave serait à ma disposition et qu'au dessert j'aurais le droit de venir recevoir les hommages de tous les convives, de courir sur la table et d'y terminer mes repas. Cette sage mesure était prise pour le cas où le maître d'hôtel aurait eu la petitesse d'économiser sur ma nourriture ; mais je dois dire à la louange de ce dernier que cette stipulation a toujours été inutile.

Chapitre 12.

—

Sentant mon cœur défaillir et une profonde mélancolie s'emparer de tout mon être, j'essaie de me remonter le moral à l'aide d'une chanson.

Tous ces arrangements étant faits, mon maître me mit sans cérémonie dans sa poche et sortit de la maison. La position me parut d'abord un peu gênante, mais je m'y habituai facilement, d'autant plus que je n'y restai qu'environ dix minutes, ce qui est fort peu de chose en comparaison de l'éternité. Au reste, ce nouveau genre de locomotion me servit beaucoup dans la suite.

Quel ne fut pas mon étonnement, lorsqu'arrivé dans l'appartement de mon maître et jetant un regard à la fenêtre, je reconnus précisément le balcon sous lequel j'avais bivouaqué la nuit précédente ! Le factionnaire n'avait pas discontinué sa promenade et, chose plus merveilleuse encore, un grand homme, debout sur une pierre, au milieu de la place, le sabre en main et prêt à monter à l'abordage, me sembla n'avoir pas fait le moindre mouvement depuis la veille. « Quel jarret me » disais-je ! l'espèce a bien dégénéré, comme on tra- » vaillait bien du temps de ce gaillard-là ! » J'ai su depuis que c'était le fameux Jean-Bart, un solide Pierrot d'autrefois et qui avait taillé bien des paires de chaussons dans les culottes anglaises, — je voulais dire *le vêtement indispensable*.

On trouve généralement cette statue fort belle, ce qui n'empêche pas le dernier des maçons d'en faire la critique. On prétend qu'elle a la tête trop grosse. Je vous demande un peu qui saurait dire aujourd'hui si Jean-Bart, de son vivant, n'était pas porteur d'une fort grosse tête; ce phénomène n'est pas rare en Flandre, tous les jours nous *coudoyons* dans les rues des *chefs* bien autrement extraordinaires et nous n'y faisons nulle attention. Il est vrai que souvent ces grosses têtes sont vides et alors il y a compensation.

Je ne restai qu'un instant dans ma maison de ville, juste le temps d'en prendre possession, et toujours dans la poche de mon maître, je m'acheminai vers ma *villa,* comme disent les Italiens.

Cette habitation est sise (style de notaire) dans un fort beau parc, la seule promenade que puisse avouer une aussi jolie ville que Dunkerque et que néanmoins les hautes autorités de cette cité brûlent de sacrifier au veau d'or (lisez Rotschild). C'est un vandalisme tellement monstrueux qu'il arrive à avoir presque un mérite, celui de dépasser toutes les bornes du possible. Je demande bien pardon de m'exprimer aussi librement en cette circonstance, mais je suis sur le point d'être exproprié et c'est bien le moins que j'épanche un peu ma bile.

Je ne dirai rien du jardin qui complète les charmes de ma maison de compagne. On pourra s'en faire une idée en lisant la description de celui d'Armide dans la Jérusalem délivrée, et encore restera-t-on au-dessous de la vérité. On y trouve et au-delà toutes les merveilles décrites par le Tasse, moins toutefois le bassin dans lequel se baignent les nymphes, dans une toilette un peu décolletée. Mon maître a jugé convenable de supprimer ce tableau, eu égard à la mode, qui n'a pas encore poussé les choses aussi loin. D'ailleurs, et c'est peut-être le véritable motif, le climat du département du Nord se prête peu à ce genre de divertissement.

Mes lecteurs ne seront pas étonnés que j'aie toujours montré pour ce charmant séjour une prédilection toute particulière. C'est là que mon tendre cœur a battu d'amour pour la première fois, et les souvenirs enchanteurs qu'il m'a laissés m'ont toujours fait désirer ardemment que mes restes mortels y fussent déposés. Je ferai moi-même le plan du mausolée que je me destine ainsi que mon épitaphe, relatant en peu de mots toutes les vertus civiles et militaires dont j'aurai fait preuve pendant ma vie.

En traçant ces lignes, je sens la plume me trembler dans la patte. Je ne puis m'habituer à cette idée de destruction et ma plus grande consolation gît dans la métempsychose à laquelle je crois, malgré les idées contraires dont on a bercé ma jeunesse. Je ne perds pas l'espoir de reparaître un jour en ce monde sous la forme de tambour-major ou de contrôleur. Puisse cette transformation ne s'opérer que le plus tard possible !

Si cependant je me trompais, si ma croyance n'était pas une croyance, si j'étais dans une profonde erreur... Ah ! le doute ! le doute... Il faut que je fasse une chanson là-dessus. — Fera la musique qui voudra.

Le doute, mer sans fond où la science humaine
S'abîme sans trouver de port ;

Tempête sans refuge où la perte est certaine
    Et pour le faible et pour le fort ;

Fantôme ténébreux qui dans l'ombre s'avance,
    Vague comme l'immensité,
Limite infranchissable où finit l'espérance,
    Où s'entr'ouvre l'éternité ;

Cahos de la raison ! Ta vertu corrosive
    Flétrit et dessèche le cœur,
Ainsi que du simoun l'haleine destructive
    Étiole et brûle une fleur.

Ici se termine la première partie de mon existence. J'aime à jeter un coup-d'œil rétrospectif sur mes premiers jours et à analyser mes premières impressions. Ce temps si rapproché ne m'apparaît déjà plus dans le lointain que comme un nuage vaporeux emporté par le vent et du milieu duquel l'angélique figure de ma bienfaitrice semble me reprocher l'ingratitude dont j'ai payé tous ses bienfaits. Ne me maudissez pas, ô ma charmante amie ! ma mauvaise tête seule est coupable ;

je voudrais avoir votre portrait pour le presser sur mon cœur et ne m'en séparer qu'à la mort... Mais j'ai une faim du diable et je vais déjeûner.

FIN DE LA PREMIÈRE PARTIE.

Deuxième partie.

PRÉFACE.

Je sais qu'il n'est pas d'usage de mettre la *Préface* au milieu d'un livre ; mais qu'est-ce que l'usage ? et qui peut être contraint de s'y conformer? — Je ne reconnais d'usage que celui qui n'est pas contraire à ma manière de voir et j'ai pour principe de ne faire que ce qui me plaît. Je ne reconnais à personne le droit de m'imposer sa volonté, fût-elle celle de tout le monde, la mienne exceptée. Je suis en outre convaincu que celui-là est un niais qui attend un avis pour prendre une décision ou qui se préoccupe de l'opinion que le public émettra sur la conduite qu'il aura tenue. — Qu'est-ce que le public? — Rien et tout en même temps. — Rien pour le philosophe qui ne daigne pas s'en préoccuper; — tout pour le sot qui se soumet à sa censure. Moi, je n'admets pas de jugement supérieur au mien quand il s'agit de mes actions, et le patriarche de la sagesse descendrait sur la terre pour me donner un avis, que je rirais au nez du patriarche de la sagesse et le prierais de se mêler de ses affaires. — N'est-il pas d'usage de mettre une préface au milieu d'un livre? — Je le fais, moi; et je ne sais même à quoi il tient que je ne la mette à la fin du volume. La lira qui voudra — peu m'importe. Je ne violente personne; mais s'il se trouve quelqu'un d'assez osé parmi mes souscripteurs pour dédaigner celle-ci, je lui donne ma malédiction !

BURIDANT.

APHORISME.

—

Une montagne est un grain de sable dans l'immensité, et réciproquement un grain de sable est une montagne dans un espace infiniment petit.

Chapitre 1ᵉʳ.

Si cet aphorisme n'en est pas un, c'est à moi seul qu'il faut s'en prendre, car, toute modestie à part, c'est moi qui en suis l'auteur. Dire pourquoi je le colloque ici, en tête de mes mémoires, cela me serait difficile, à moins que le lecteur ne se contente de cet adage que je suis obligé d'écrire dans son patois naturel, vu que je n'ai pas encore trouvé le moyen de le rendre aussi énergiquement dans un autre : *sic volo, sic jubeo, sit pro ratione voluntas.* Ensuite, j'éprouvais un violent besoin de parler montagnes, comme d'autres ne peuvent résister au plaisir de les gravir, quelque hautes qu'elles soient.

Or, remarquez bien ceci : Je dois être arrivé à la moitié de mes mémoires et par ce fait seul je me trouve dans la position d'un individu quelconque, qui, séduit par l'aspect supposé d'un site magnifique à la cîme d'une très-haute montagne (j'y reviens encore), se prend d'envie de l'escalader, sans avoir auparavant consulté ses forces. Qu'advient-il à cet individu ? Arrivé à la moitié de sa course, le courage l'abandonne, il commence à douter de son jarret, ses jambes se raidissent et il reste là *fiché comme un bonhomme d'un sou*, attendant qu'une main secourable vienne l'en tirer, ou qu'il passe un omnibus.

C'est un moyen comme un autre, mais ce n'est pas

le mien. Voici comment je me *débrouille*, moi : Je n'attends ni ne veux l'aide de personne ; je cherche dans ma gibecière, j'y prends une aile de volaille truffée, truffes comprises, j'arrose le tout d'une bouteille de Bourgogne et je continue mon ascension aussi gaillardement que si je venais de me mettre en route.

Je saisis cette occasion pour déclarer à la face du monde entier que si, après avoir usé de mon procédé, un être quelconque ne se sent pas capable d'escalader le ciel, il faut qu'il soit un bien petit être et je ne ferai jamais sa connaissance.

Ce chapitre me semble assez long et je vous préviens que j'ai l'intention de ne vous en donner désormais que de forts petits, attendu que les petits cadeaux entretiennent l'amitié.

Chapitre 2.

—

Où l'on trouve des choses dont je ne puis donner le sommaire, vu que j'ignore encore moi-même ce qu'elles seront.

Certains auteurs (c'était dans les temps primitifs, dans l'enfance de la littérature), certains auteurs, dis-je, concentraient bénévolement en quelques lignes l'escence de leur chapitre, dans le but, je pense, d'attirer l'attention des lecteurs ; c'était un piège. Beaucoup y ont été pris, mais quelques-uns, plus adroits, se sont bornés à lire les sommaires et par le fait ils se trouvaient aussi avancés que les autres. Cela ne faisait pas le compte des auteurs, c'était mortifiant. Alors que fit-on ? On ne supprima pas la chose, mais tout en la maintenant, on fit en sorte qu'elle ne signifiât presque rien et même rien du tout ; c'était le type de la perfection. Quelques personnes trouvent cela original, d'autres disent que c'est stupide, d'autres enfin acceptent sans commentaires cette innovation, et je suis de ce nombre.

En faisant des sommaires, je n'ai qu'un but et je suis sûr de l'atteindre ; c'est d'augmenter la grosseur du volume. Il m'était même poussé une idée à ce sujet, un perfectionnement de perfectionnement, c'était d'ajouter à chaque chapitre une récapitulation ; mais, malheureusement pour moi, je me suis aperçu que souvent j'aurais été forcé de mettre un zéro à cette récapitulation, et comme un zéro ne tient pas assez de place, j'ai dû m'abstenir. Là où il n'y a rien le diable perd ses droits, ce qui vous prouve clairement que vous ne me devez pour cela aucune espèce d'obligation.

Chapitre 3.

—

Cette fois, je sais fort bien ce que je vais dire, et si vous voulez être aussi savant que moi, lisez.

Je passai dans la plus profonde retraite les deux mois qui suivirent ma seconde entrée dans le monde. J'avais pour cela deux raisons majeures. D'abord je ne pouvais décemment me présenter dans l'état où je me trouvais, sans être un but de plaisanteries et de quolibets, car j'avais moi-même, je l'avoue, beaucoup de peine à me regarder sans rire. En second lieu, je voulais compléter mon éducation, étudier un peu les auteurs anciens et modernes et comparer leurs divers systèmes de philosophie avec celui dont la nature m'avait doué en naissant.

Je crus d'abord que ce serait un immense travail, mais je me trompais; je ne trouvai parmi ces monceaux de volumes, que les mêmes idées reproduites sous toutes les formes et s'obscurcissant d'autant plus que je me rapprochais de notre époque; je vis, qu'à force de subtilités et de raisonnements à perte de vue, on allait arriver à ne plus se comprendre du tout et qu'on serait obligé de remonter à plusieurs siècles pour retrouver un point de départ perdu depuis long-temps déjà : le bon sens. Voilà donc ce que c'est que l'homme, me disais-je, ce roi des animaux, comme il a l'orgueil de s'appeler. Et c'est au milieu de tous ces fatras, de toutes ces rapsodies qu'il passe son temps à perdre le peu de jugement qui lui est échu en partage! Mieux vaut être Pierrot, et je suis un double sot d'avoir quitté mes parents et mêlé ma vie à celle de tous ces raisonneurs sans raison. Que de phrases inutiles pour dire ce qui peut se résumer ainsi ! !

> Dans ce monde égoïste, où tout n'est que misère,
> L'homme naît pour souffrir,
> Et, du jour où ses yeux s'ouvrent à la lumière,
> Il commence à mourir.
>
> En aveugle qu'il est, cheminant vers sa chute,
> Ou Pygmée ou Géant,
> Il fait de vains efforts dans la pénible lutte
> Qui le pousse au néant.
>
> Et si parfois le vrai traversant le nuage
> Perce l'obscurité,
> Il reste anéanti devant l'affreuse image
> De la réalité.

Mais à quel propos, je vous le demande, m'est-il passé par la tête de brider ce malheureux Pégase ? Il faut que je sois malade, certainement ; je vais prendre le parti de me purger une fois pour toutes. Je n'ai pas l'intention d'ajouter un volume à Ronsard, aussi je passe à autre chose.

Au milieu de toutes mes lectures je trouvais encore le temps de donner à mon maître des leçons de *langue Pierrette*, et nous finîmes par nous entendre parfaitement. Je comprends toutes les langues, mais je les parle toutes avec un accent détestable, comme les Anglais.— Notez que je dis les Anglais et non les Anglaises, car il suffit qu'une phrase quelconque sorte d'une jolie bouche pour qu'elle jouisse aussitôt de toute l'harmonie désirable.

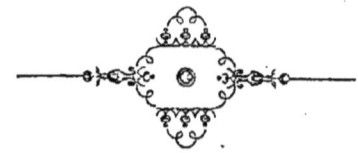

Chapitre 4.

—

Comment, malgré toute ma science, il se présenta un point sur lequel j'étais encore d'une naïveté antédiluvienne.

Après deux mois d'études, je me jugeai suffisamment instruit. Nous autres Pierrots, nous avons l'esprit très-ouvert, et pendant que les hommes emploient des années à apprendre peu de chose, en vingt-quatre heures nous en savons plus qu'eux. C'est humiliant, mais il faut en prendre son parti. Outre la science, mes ailes et ma queue avaient repoussé avec une luxuriante végétation, et je pouvais, sans trop d'amour-propre, me produire en public, sans craindre la critique la plus acerbe. Je me trouvais très-bien et c'est, heureusement pour moi, la seule chose que j'aie de commun avec les beaux de l'époque.

Dans cette conviction, ayant secoué la poussière des livres au milieu desquels je venais de m'enfoncer, je résolus de vivre de la vie des champs et de ne plus quitter ma maison de campagne. Mon maître n'y voyant aucun inconvénient, m'y transporta immédiatement en me disant qu'il ne comprenait pas que j'eusse tardé si long-temps à lui adresser cette requête, que du reste il était sur le point de prévenir, dans la crainte que les travaux auxquels je me livrais ne détériorassent ma santé.

Les premiers jours me furent assez agréables ; je faisais bonne chère et souvent je me promenais, soit dans le parc, soit dans le magnifique jardin dont j'ai déjà parlé, mais toujours accompagné de mon maître, de sorte que je ne supposais pas qu'il me restât quelque chose à désirer. Je ne tardai pas à revenir sur cette opinion, et voici à quelle occasion :

C'était un dimanche : mon maître était absent et m'avait laissé seul à la maison, ce qui du reste lui arrivait assez fréquemment. Je regardais machinalement dans le jardin, lorsque j'aperçus tout-à-coup deux charmantes petites Pierrettes qui se promenaient sous mes fenêtres. Elles regardaient souvent de mon côté, et je voyais à leurs gestes que je n'étais pas étranger à leur conversation. Aussitôt il se fit en moi une révolution extraordinaire; je sentis le sang me monter à la tête et pendant un instant je n'eus pas la perception de ce qui se passait autour de moi. Cet instant fut court; et, en revenant à moi, mon premier mouvement fut de descendre au jardin dans l'espoir de rencontrer mes charmantes promeneuses qui, dans ce moment, se trouvaient hors de ma vue. Mais quelle ne fut pas mon indignation, lorsque m'étant présenté à toutes les fenêtres, à toutes les portes, je les trouvai hermétiquement fermées !

Que signifiaient ces précautions ? Etais-je donc prisonnier ? N'avais-je fait que changer de cage ? Dans mon exaspération, j'essayai de briser les vîtres à coups de bec; mais ne pouvant y parvenir, je résolus d'avoir le plus tôt possible avec mon maître une sérieuse explication.

Un nouvel incident vint redoubler encore ma mauvaise humeur. Il me sembla, au milieu du feuillage, reconnaître ma sœur (pas la borgne). Elle était accompagnée d'un Pierrot passablement maussade; elle-même avait l'air distrait et ennuyé, et j'en conclus qu'ils étaient mariés. J'aurais bien voulu m'en assurer, mais à un coup de bec que je donnai sur les vîtres pour attirer leur attention, tous deux prirent la fuite précipitamment. Me trouvant seul avec mon dépit, et n'ayant de goût à rien, je me décidai à dormir sans souper; l'indigne procédé dont j'étais victime m'ayant coupé l'appétit.

Chapitre 5.

—

Qui n'a d'autre but que de continuer le précédent.

Il me fallut, comme on dit vulgairement, cuver mes chagrins jusqu'au lendemain. Dès que mon maître fut arrivé, je frappai à la porte de son cabinet, et, me campant bravement sur un livre qui se trouvait en face de lui, j'abordai la question sans hésiter :

— Voudriez-vous me dire, monsieur, de quel droit vous me retenez prisonnier ?

— De quel droit je te retiens prisonnier? mais en vérité je ne te comprends pas ; il me semble que cette maison est assez vaste et.....

— Il ne s'agit pas ici de maison..... Avant tout je vous prie de ne pas me tutoyer ; je ne suis ni ne veux être votre esclave, et, sur mon honneur, je ne le serai pas. Je vais m'expliquer plus clairement puisque vous le voulez. Pourquoi, hier, quand j'ai voulu descendre au jardin, ai-je trouvé toutes les issues fermées ?

— Pourquoi? monsieur ! puisqu'il faut mettre des gants pour vous parler ; je vais vous le dire : c'est que je ne prétends pas que vous sortiez sans ma permission, ni sans que je vous accompagne. Est-ce clair?

— Très-clair. Alors je commence à comprendre. Je suis votre esclave, ni plus ni moins, et depuis que vous avez aboli la traite des nègres vous pratiquez celle des Pierrots.

— C'est possible ; il faut bien se donner quelques distractions. Mais, mon cher monsieur Buridant—s'il faut vous donner tous vos titres,— vous qui êtes si érudit, vous devriez savoir que, si nous ne faisons plus la traite des noirs, c'est parce que les Anglais nous en ont donné l'exemple, et que nous n'avons pas voulu nous montrer moins philanthropes qu'eux. Eh ! bien, quand ils renonceront à la traite des Pierrots nous les imiterons ; mais jusque là.....

— Charmant exemple, en vérité ; charmante philanthropie, sur mon honneur. Ah ! ce sont les Anglais qui ont inventé l'abolition de la traite ! Ah ! ils s'occupent du sort de quelques peaux noires qui végètent à des milliers de lieux de leur pays, et, sous leurs yeux, ils laissent mourir de faim des millions d'Irlandais, leurs frères, et vous appelez cela de la philanthropie ? Oh ! non, monsieur, je ne suis pas un savant, moi, mais j'ai du cœur, et si je gouvernais l'Angleterre, monsieur, eh ! bien, au lieu de supprimer soi-disant la traite des noirs, je les vendrais tous, ces noirs, pour empêcher les blancs de mourir de faim. Ce serait peut-être une mauvaise opération commerciale, mais ce serait une bonne action. D'ailleurs, il ne s'agit pas de l'Angleterre; nous sommes en France. Et savez-vous ce que c'est que vos prétendus *philonègres* français? Des griffonneurs de discours en faveur des noirs dont ils se soucient fort peu, occupés qu'ils sont à maltraiter leurs domestiques et quelquefois même à battre leurs femmes.

— Très-bien. Je vois que je m'étais trompé. Je te tenais renfermé en qualité de Pierrot, et j'avais pour cela un autre motif : tu es fou, mon cher Buridant.

— Non, je ne suis pas fou... Mais je perds de vue le sujet pour lequel je suis venu. Voyons, franchement, pourquoi m'enfermez-vous?

— Si je réponds franchement, en agiras-tu de même avec moi?

— Oui.

— Eh! bien, je t'enferme parce que je crains que tu ne me quittes.

— Je n'en ai jamais eu l'idée.

— C'est possible, mais elle pourrait te venir. Pourquoi désires-tu sortir seul ?

— Pour causer avec ma sœur, que j'ai vue hier au jardin.

— Avec ta sœur ?

Ici, je l'avoue, j'hésitai à répondre ; mais la vérité l'emportant :

— Avec ma sœur.... et deux autres jolies Pierrettes qui viennent quelquefois dans le jardin.

A cet aveu, mon maître me regarda en souriant, et après m'avoir fait promettre de ne jamais l'abandonner, il m'annonça que, de ce moment, j'étais absolument libre, non-seulement de sortir, mais de rentrer à la maison avec tous mes parents et les autres personnes qu'il me conviendrait d'y conduire. En même temps il donna des ordres en conséquence.

Chapitre 6.

—

Qui aura sans doute quelque rapport avec le chapitre antépénultième.

Certes, mesdames, vous conviendrez que je n'avais rien de mieux à faire que d'attendre le retour des deux Pierrettes, qui la veille m'avaient si fort émotionné. Je me mis en faction à la fenêtre, où le moindre bruit semblait être pour moi le signal de leur arrivée. Le temps me paraissait horriblement long et je le passai de mon mieux à cirer mes aîles et mon jabot, afin de paraître à leurs yeux avec tous mes avantages. Je me livrais à cet exercice depuis une demi-heure environ, quand enfin je les vis s'avancer. Elles étaient plus jolies que la veille, si la chose était possible, et mon cœur battit à leur aspect plus fort encore qu'à la première rencontre.

Elles vinrent toutes deux se promener dans leur allée favorite, au milieu des résédas et des rosiers. Je n'étais séparé d'elles que par la hauteur de la fenêtre; je n'avais qu'un pas à faire et j'étais à leurs côtés; mais ce pas, comment le faire? Je tremblais de tous mes membres et je sentais à mon émotion, que je ne trouverais pas un mot à leur adresser.

Je les saluai à plusieurs reprises; mais elles feignirent de ne pas me voir et ne me rendirent pas mon salut; j'étais sur les épines et ne sachant que résoudre, lorsqu'heureusement il me vint une idée. Je pris dans ma patte une petite pierre qui se trouvait sur la fenêtre, je la jetai adroitement sur le dos de l'une d'elles et je descendis aussitôt pour me confondre en excuses.

— « Oh! mademoiselle, je suis au désespoir d'avoir
» commis une telle maladresse, mais ces domestiques
» sont si négligents! Malgré toutes mes recommanda-
» tions, je ne puis obtenir que mes fenêtres soient pro-
» prement nettoyées; en me promenant j'ai marché sur
» ce grain de sable et, dans un moment de vivacité, je
» l'ai jeté dans le jardin, sans me douter du grave incon-
» vénient qui pouvait en résulter pour moi et surtout
» pour vous; car, si je ne me trompe, je vous ai atteinte;
» heureusement vous n'êtes pas blessée et je me félicite
» de ma maladresse, puisqu'elle me procure l'occasion
» de présenter mes excuses à deux si aimables per-
» sonnes. »

Ceci fut débité avec une volubilité telle, qu'il était temps que j'arrivasse à la fin de ma période, le souffle commençait à me manquer.

Les deux Pierrettes se regardaient avec tous les signes du plus profond étonnement. Enfin l'une d'elles prit brusquement la parole.

— Est-ce que c'est vous qui êtes propriétaire de ce nid magnifique ? (Elle désignait la maison.)

— Mais oui. (Dis-je en me passant la patte sur le bec.)

— Ah !

— Et je serais enchanté si vous daigniez me faire l'honneur de le visiter en détail.

Toutes deux plus ébahies que jamais continuaient à me regarder sans mot dire, puis elles se consultèrent pendant un instant, après quoi celle qui avait déjà pris la parole une fois, se tourna vers moi et me dit avec un petit air dégagé qui me fit presque rougir :

— Est-ce qu'il y a quelque chose à manger dans votre nid ?

— Certainement. Et si vous le désirez, je vais donner des ordres....

— Des ordres ? Je mangerai bien sans cela. Vous avez donc des domestiques ?

— Oui.

— Alors, vous ferez bien de les envoyer prendre l'air. Nous n'avons pas besoin d'eux.

— Eh bien ! Venez.

La petite étourdie ne se fit pas prier, mais l'autre Pierrette ne voulut pas nous suivre. Elle me dit qu'elle était au régime et que, depuis sa dernière gastrite, elle ne prenait jamais rien entre ses repas. A ces mots, elle s'envola, me laissant seul avec sa compagne.

Je doute fort que jamais quelqu'un se soit trouvé aussi embarrassé de sa personne que je l'étais en ce moment de la mienne. Je ne savais littéralement pas ce que je faisais, je feignais de chercher dans l'appartement, soit du biscuit, soit du pain ou les fruits que je voulais servir ; mais je me sentais un air gauche qui devait paraître dans tous mes mouvements. Plusieurs fois je regardai à la dérobée ce que faisait ma jolie visiteuse : Elle avait l'air de ne pas s'occuper de moi, mais elle ne perdait pas un seul de mes gestes, et un sourire narquois — de ceux qu'il est impossible de dépeindre

—semblait s'épanouir sur sa petite mine chiffonnée; ce qui redoublait encore la difficulté de ma position.

Je suais à grosses gouttes et il m'arriva de souhaiter un tremblement de terre pour me délivrer de ma désastreuse situation. Je voulais parler, mais j'avais, je crois, le bout du bec pris dans un étau. Cependant je finis par balbutier quelques mots incohérents qui voulaient dire : — Mademoiselle, me ferez-vous l'honneur d'accepter un biscuit?

La rusée petite créature ne me répondit qu'en volant près de moi et nous nous mîmes, sans mot dire, à becqueter le même biscuit. J'étais heureux. J'avais une occupation— pas la moindre faim; mais je dévorais par contenance et, pour être juste, je dois dire que j'étais parfaitement secondé.

Le premier service terminé, je continuai à me taire. Cette fois, je crois, il y avait pour moi impossibilité physique de parler ; ce maudit biscuit m'étouffait et je devais avoir la mine la plus piteuse du monde.

Pendant ce temps, ma jeune Pierrette, attendant sans

doute le second service ou qu'il me plût d'entamer la conversation, faisait claquer son bec ou le nettoyait sur l'appui de la fenêtre, avec de petites mines on ne peut plus gracieuses. Jusqu'alors, je n'avais rien trouvé de mieux à faire que de lui offrir un cure-dent, et j'ouvrais le bec pour lui faire cette spirituelle proposition lorsque, lasse sans doute de mon silence et me regardant en face :

— Y a-t-il long-temps que vous êtes marié ?

— Mais, mademoiselle, je ne l'ai jamais été.

— Ah ! Votre maîtresse est donc absente ?

— Je n'ai pas de maîtresse.

Pendant ce dialogue on eût pu facilement faire prendre une allumette chimique sur mon bec.

— Comment ! Vous n'êtes pas marié, vous n'avez pas de maîtresse !... Alors, vous êtes dans les ordres ?

— Non, mademoiselle, mais je me mets aux vôtres.

— Bah ! et pourquoi faire ?

Je ne trouvai rien à répondre, et ma satanée Pierrette, partant d'un bruyant éclat de rire, me laissa confondu de ma stupidité.

Je la vis causer un instant avec son amie et lui désigner la chambre qu'elle venait de quitter, puis toutes deux, riant de plus en plus, prirent leur volée dans le parc.

Chapitre 7.

—

Qui sert de transition au chapitre suivant.

La scène qui venait de se passer m'avait profondément humilié : J'étais baffoué. Quelque chose en moi me disait que je venais de jouer un rôle excessivement ridicule, et néanmoins je ne me rendais pas compte de ce qui m'avait placé dans cette sotte position. Je repassai dans ma tête les divers passages des romans que j'avais lus et je n'y trouvai nulle analogie avec ce qui venait de m'arriver.

Jusqu'alors, j'avais considéré l'amour comme une chose sainte, comme une émanation d'en haut, et, à l'aspect des deux Pierrettes, j'avais senti en moi tous les symptômes de cette ardente passion dont j'avais lu dans les livres mille et une descriptions. Je ne m'étais jamais représenté la vierge qui devait faire battre mon cœur, qu'environnée de cette auréole de poésie, de ce parfum de candeur et d'innocence sans lesquels l'amour n'est qu'une passion vulgaire et dégradante, et je ne me croyais pas susceptible de m'enflammer pour un objet qui ne se trouverait pas dans toutes ces conditions.

C'en était fait... L'autel que j'avais dressé dans mon cœur venait d'être foulé aux pieds par la divinité même à laquelle je l'avais érigé. La plus tendre de mes illusions s'évanouissait comme un songe ; j'étais précipité du faîte de ma félicité idéale dans l'abîme du découragement. Ma vie désormais n'avait plus de but... Je courbai la tête et je pleurai amèrement!

Sur ces entrefaites, mon maître arriva, et comme il ne m'avait jamais vu dans les larmes, il me demanda, en riant, par quel sortilège je me trouvais converti en borne-fontaine. Je lui contai toute mon aventure aussi naïvement que possible, je lui peignis mon désespoir et lui demandai des consolations et des conseils.

« En vérité, me dit-il, mon cher Buridant, il était
» bien inutile de te livrer à des études philosophiques
» aussi profondes que celles que tu viens de terminer,
« pour te laisser abattre par si peu de chose. Mais, mon
» cher ami, il n'est pas un seul de nous tous à qui pa-
» reille chose ne soit arrivée, et souvent avec des cir-
» constances beaucoup plus aggravantes ; tu vois que
» nous n'en sommes pas morts. Ces sortes d'aventures,
» loin de nous être nuisibles, nous sont plus tard d'un
» grand avantage ; nous avons nos coudées plus fran-
» ches et nous pouvons, sans blesser notre conscience,
» exploiter largement le champ des représailles. Je suis
» fort de tes amis, tu le sais : aussi, ne t'abandonnerai-
» je pas dans l'impasse où tu t'es laissé acculer. Je vais

» te faire un petit cours de philosophie pratique à
» l'endroit du sentiment et, si tu as un peu d'esprit, tu
» pourras toi-même en tirer des conclusions et les
» adapter à ton usage. »

Alors, mon maître me développa une théorie que je ne soupçonnais même pas, quoique, depuis, j'aie pu m'assurer qu'elle était généralement pratiquée. A mesure que la thèse se déroulait, je me sentais plus à l'aise; le bandeau me tombait des yeux, et à peine la leçon fut-elle terminée, que je me trouvai radicalement guéri. Il était alors deux heures du matin. Je bus quelques gorgées de *gin* dans le verre de mon maître en l'honneur de ma prompte conversion, et nous nous endormîmes, lui dans son lit, et moi sur la tige d'une de ses bottes.

Chapitre 8.

—

Comme quoi la philosophie pratique, poussée un peu loin, peut, ainsi qu'une foule d'autres philosophies, vous conduire en droite ligne à l'hôpital.

Mon premier soin, comme on doit se l'imaginer, fut de retrouver ma Pierrette de la veille et de lui faire perdre la mauvaise opinion que ma niaiserie avait dû lui donner de moi. Je parcourus tous les environs et je parvins enfin à la découvrir. Elle était au milieu de trois ou quatre de ses compagnes qui folâtraient dans l'herbe et mangeaient des moucherons. En l'apercevant, mon cœur se remit à battre de plus belle ; mais je réprimai vîte ce retour de sensibilité ridicule et j'abordai ces dames assez cavalièrement. Je m'attendais à quelques railleries sur ce qui s'était passé la veille, ou tout au moins à des regards malins, à des allusions compromettantes pour moi : il n'en fut rien. Ma belle, en me reconnaissant, devina, avec ce tact exquis qui caractérise le beau sexe, qu'il s'était opéré en moi un changement considérable. Elle accepta sans hésitation la patte que je lui présentai d'un air tout à fait galant; nous causâmes quelques instants à l'écart, je lui fis mes excuses, qu'elle accepta, et bientôt nous fûmes les meilleurs amis du monde.

Mirza — c'était le nom de ma Pierrette — me présenta à ses compagnes, toutes jeunes et fort jolies. Après les compliments d'usage et quelques tours de promenade, je les invitai toutes à dîner dans mon jardin. Ma proposition fut aussitôt acceptée. J'allais prendre congé, lorsque Mirza me fit observer que, si j'étais le seul Pierrot à table, le repas pourrait bien ne pas être fort gai, et aussitôt je priai ces dames d'amener chacune un Pierrot de sa connaissance. Puis, me tournant vers Mirza, je lui demandai quel serait l'heureux mortel qui l'accompagnerait. Pour toute réponse, elle me donna un joli coup de patte sur le bec, et nous nous séparâmes.

J'avais un compte ouvert chez Squeder[*] et un crédit illimité, de sorte qu'il me fut facile d'organiser le repas le plus splendide qui, de mémoire de Pierrot, ait jamais été donné. Je ne fis pas de frais pour les vins — cette liqueur n'est pas très-prisée du peuple Pierrot (vice de civilisation), — mais je mis de côté pour le dessert une petite tasse de *gin ;* je pensais que, trompés par sa ressemblance avec l'eau, mes convives en ingurgiteraient quelques gouttes, ce qui serait plus que suffisant pour les mettre en gaîté. J'avoue que cette idée m'avait été suggérée par mon maître, et elle eut un résultat des plus satisfaisants.

---

[*]Place Royale, 9.

A l'heure dite, toute la société arriva et les jeunes Pierrots me furent présentés. C'étaient des gaillards fort alertes, à l'œil vif, et qui témoignaient par leur contenance assurée du bon goût de celles qui les avaient choisis. J'avais installé mes provisions sous un magnifique rosier de Hollande. Quelques feuilles de rose qui étaient tombées nous servirent de tapis, tandis que l'arbuste lui-même nous protégeant de son ombre, nous tenait dans un demi-jour des plus favorables à la circonstance.

Pendant le commencement du repas on parla politique et des chances probables d'une guerre prochaine. L'insolence des Pierrots belges devenait de jour en jour plus intolérable et l'on ne comprenait pas que le gouvernement Pierrotin se montrât aussi pusillanime. Les dames surtout déchiraient les ministres impitoyablement : par galanterie nous en fîmes autant, et, s'il fût passé quelqu'agent de police dans les environs, je crois que le gouvernement nous aurait logés gratis pendant quelques mois. — Fort heureusement nous étions en lieu de sûreté.

Je fis circuler la cigarette parfumée qu'on accepta

avec le plus grand plaisir. — C'était de la contrebande.
— Bientôt la conversation générale cessa et les entretiens particuliers commencèrent. Mirza me conta avec assez de malice diverses particularités de la vie de mes invités, ce qui me fit rire de grand cœur. Comme je lui faisais remarquer que l'une des Pierrettes semblait ne pas fumer la cigarette avec beaucoup de plaisir, elle me dit que cela n'était pas étonnant, attendu qu'elle ne fumait jamais que dans des pipes.

Les propos joyeux allaient leur train; les imaginations commençaient à se monter, et je pensai que le moment était venu de présenter ma tasse de *gin*. Elle fut reçue avec acclamations; chacun s'y précipita et les effets ne tardèrent pas à se faire sentir. En un instant, toutes les têtes eurent déménagé; il se fit une foule de drôleries qu'il serait trop long de raconter; tout ce que je puis dire, c'est que peu à peu nous nous perdîmes de vue, et ce n'est qu'à trois heures du matin que la rosée me réveilla. — J'avais passé la nuit sous un myrte.

Par suite de ce repas, ma réputation devint colossale. Je fus la coqueluche de toutes les Pierrettes du pays;

(166)

au grand déplaisir de Mirza à qui ma fidélité devenait avec raison fort suspecte. Je reçus et fis un grand nombre de visites pendant le cours desquelles je me fis également bien venir des Pierrots et Pierrettes de toutes classes. Ma vie était très-agréablement remplie et je me félicitais des leçons que m'avait données mon maître, quand un accident vint rompre le cours de mes plaisirs.

Je faisais la cour depuis quelque temps à une charmante Pierrette, mariée à l'un des hauts personnages de l'endroit. Comme les études sérieuses ne lui étaient pas étrangères, mes connaissances variées m'avaient valu ses bonnes grâces. Son mari était horriblement jaloux, de sorte qu'il nous était très-difficile de nous voir sans témoins. Un jour, nous résolûmes de tromper sa surveillance, et voici la ruse que nous imaginâmes. Je dis en sa présence que j'avais découvert une nouvelle planète. — C'était vrai ; — celle de Leverrier. — Il me l'a volée, — n'en parlons plus. — J'en connais bien d'autres que personne ne soupçonne encore aujourd'hui. — Aussitôt, ma beauté me pria de la lui montrer et j'y consentis. Le soir venu, je lui offris la patte, et, accompagnés du mari, nous gagnâmes la campagne. Après une assez longue marche, je feignis d'avoir oublié mon télescope et je proposai de remettre la partie à un autre jour; mais ma charmante compagne n'y voulut pas consentir et pria son mari de réparer mon oubli. Celui-ci ne se le fit pas dire deux fois, ce qui eût dû éveiller nos soupçons. — Mais le moyen de raisonner sous le coup d'une passion de la force de cinq cents chevaux! — Dès que j'eus perdu de vue le débonnaire mari, je me précipitai aux pieds de sa femme et je faillis ne jamais m'en relever. Nous étions trahis!... Deux vigoureux Pierrots fondirent sur moi et me frappèrent sans relâche. Je me défendis bravement; j'en laissai un sur la place et m'échappai des griffes du second; mais je rentrai au logis avec une patte cassée, et, quand elle fut remise, je dus la porter huit jours en écharpe. Le mari, furieux de me voir vivant, creva les deux yeux à sa femme, qui ne put survivre à cette perte. Quelques heures après cette opération elle avait cessé de vivre!

Chapitre 9.

—

Où l'on trouve un moyen fort ingénieux de faire sa provision de cure-dents.

Mes douleurs physiques, jointes au chagrin que me causait la mort de ma malheureuse amie, me plongèrent dans un marasme voisin de l'idiotisme. Pendant plusieurs jours je refusai ma porte à tous mes amis. La vie me devint à charge et je pris la résolution de me faire trappiste.

J'aurais sans doute mis ce bizarre projet à exécution sans les nombreuses marques de sympathie qui me furent prodiguées. Toutes les notabilités du canton s'inscrivirent à ma porte et les Pierrettes les plus huppées daignèrent même me donner par écrit des preuves non équivoques de leur intérêt pour moi.

Rien n'égalait les louanges qui m'étaient adressées, si ce n'est toutefois les malédictions dont on accablait le mari de la victime, et, sans l'intervention de la force publique, les Pierrettes du quartier l'eussent immanquablement mis en pièces. En effet, comprenait-on une brutalité pareille ! Crever les yeux à sa moitié parce qu'elle a le goût de l'astronomie, etc., etc.

Des classes élevées de la société, mon aventure descendit dans le peuple, ce qui me valut un autre genre de manifestations. Un soir, c'était, je crois, le quatrième jour après mon accident, je me livrais à de profondes et mélancoliques réflexions sur les douceurs et les inconvénients de la galanterie, lorsqu'un bruit extraordinaire se fit entendre sous mes fenêtres. Le peuple s'était levé en masse et faisait de toutes parts irruption dans mon jardin. Il venait me donner une sérénade. Il fut impossible à la musique d'exécuter un seul morceau ; les cris et les vivats de la foule s'y opposèrent. Mon nom était *hurlé,* c'est le mot, par des milliers de becs, Buridant! Buridant! Buridant! C'était un tapage infernal. Pour éviter que dans ses transports la populace démolît ma maison, je parus au balcon et les acclamations redoublèrent.

Brave populaire, va! J'aurais voulu d'abord lui donner ma bénédiction, mais je crus plus convenable de lui adresser un petit *speech*. Ce n'était pas chose facile que de me faire entendre au milieu de tous ces cris d'enthousiasme ; il me fallut recourir à la ruse. Je mis en pièces quelques biscuits qui se trouvaient chez moi et les jetai par la fenêtre. Chacun s'y précipita, et quand tout le monde eut le bec rempli, je prononçai un discours pathétique approprié à la circonstance. Mon éloquence arracha des larmes à tous ceux qui la comprirent et même à ceux qui ne m'entendirent pas ; ma péroraison fut couverte d'applaudissements et la foule, sans égard pour ma patte en écharpe, se précipita sur ma fenêtre pour me porter en triomphe. Heureusement pour moi, une violente averse vint refroidir le zèle de mes admirateurs et les forcer à rentrer chez eux.

Mes idées monastiques ne purent tenir contre l'affection de mes concitoyens. C'eût été une ingratitude de ma part de fuir un peuple qui me témoignait tant de sympathie ; aussi renonçai-je à mes projets, laissant au hasard le soin de mon avenir.

Dès que la pluie eut cessé, je descendis au jardin pour voir par mes yeux les dégâts que la foule avait faits. Je n'eus pas trop à me plaindre : quelques plantes avaient été écrasées, d'autres brisées, mais, comme je m'attendais à de plus grands malheurs, j'eus bientôt pris mon parti et je ne voulus pas me donner le ridicule de demander une indemnité au conseil municipal.

Sous mes fenêtres, le sol était jonché des plumes que les Pierrots s'étaient arrachées en se disputant mes biscuits. Je les ramassai précieusement, et j'en fis des cure-dents en commémoration du triomphe que je venais d'obtenir.

Chapitre 10.

—

. . . .

Or, il est bien évident pour quiconque a jeté quelque fois son bonnet par-dessus les moulins, qu'en cette circonstance, le voisinage des parents est tout au moins inutile. Telle était ma manière de voir et c'est ce qui explique pourquoi je ne m'empressai pas de leur donner connaissance de ma nouvelle position. Comme cela arrive toujours, la déesse *Caquets* leur avait appris quelques-unes de mes fredaines, sans cependant leur faire connaître ma demeure; mais l'ovation dont je venais d'être l'objet avait découvert le pot aux roses.

Mon père, en bon bourgeois qu'il était, avait suivi la foule et fait sa part d'enthousiasme, sans se douter le moins du monde que j'étais le héros de la fête ; tant il est vrai que la voix du sang n'existe chez les Pierrots, comme chez les hommes, que dans les romans et les drames.

Quand je parus au balcon, il n'y avait plus lieu de s'y méprendre, aussi mon père me reconnut-il et des larmes s'échappèrent de ses yeux. O abîmes du cœur en général et de celui des Pierrots en particulier ! qui me dira de quelle nature étaient ces larmes et le sentiment où elle prenaient leur source. Au fait, qu'importe ? On en verse à l'occasion de tant de choses dans la vie, et s'il en est de bien amères, il en est de si douces à essuyer ! Si cependant quelqu'un désirait approfondir les démonstrations larmoyantes de mon père, il pourrait s'adresser franco chez mon imprimeur, à qui j'ai confié ce secret.

Quoiqu'il en soit, le lendemain je reçus la visite de mon père. Il était accompagné d'un Pierrot dont la figure ne m'était pas inconnue et qu'il me présenta en qualité de mon beau-frère. C'était bien cette même tête que j'avais vue quelques jours auparavant près de ma sœur aînée. De près, il n'y avait pas à s'y méprendre. A son air guindé, à ses manières raides et empruntées, on reconnaissait d'abord le magister du pays, et j'appris bientôt que cet important personnage joignait à ses fonctions enseignantes, celles non moins importantes de sergent-major dans la 2e volée de la milice Pierrotine.

Après la présentation et les compliments d'usage, la conversation languit. Mon père et mon beau-frère se regardèrent un instant avec hésitation, semblant s'encourager l'un l'autre à prendre la parole ; d'où je conclus que chacun d'eux avait quelque chose à me dire et que ni l'un ni l'autre n'osait commencer. Enfin, mon père se rapprocha de moi et commença ainsi :

— Sais-tu bien, Buridant (c'est ton nom, si je ne me trompe); sais-tu bien, dis-je, qu'en dépit de l'engouement passager dont tu es l'objet, j'ai, en ma qualité de père, de graves reproches à t'adresser?

— Mon père, ce sera le revers de la médaille, c'est l'ordre naturel des choses; mais je ne devine pas encore ce qui, dans ma conduite, peut avoir donné lieu aux reproches dont vous parlez.

— Tu me permettras de n'en rien croire ; car sans parler du peu de cas que tu fais de nous depuis quelque temps, sans rappeler tes aventures galantes dont chacun s'entretient sur toutes les gouttières, tu n'as sans doute pas encore oublié l'événement tragique dont tu es l'auteur et qui a coûté la vie à deux êtres qui, sans toi seraient aujourd'hui tranquilles, l'une dans son ménage et l'autre.....

— Et l'autre ?..... Quant à celui-là, il n'a que ce

qu'il mérite. J'ai usé du droit de légitime défense et ma patte que vous voyez, peut au besoin répondre pour moi.

— Mais cette infortunée, est-ce que par hazard elle voulait aussi te casser une patte? Me crois-tu la dupe de ta soi-disant astronomie? C'est un conte à dormir debout, et sans la perversité des mœurs d'aujourd'hui, au lieu d'une sérénade, c'étaient les étrivières qu'on eût dû te donner, pour t'apprendre à respecter la paix des ménages et te faire rentrer dans le droit chemin d'où tu n'aurais jamais dû sortir.

Mon beau-frère semblait approuver fort cette mercuriale. Sa mine de pédagogue s'épanouissait comme un champignon au soleil, et je crus un instant qu'il allait me donner la seconde partie de ce sermon; mais il se tut : il fit très-bien.

Bon, me dis-je, je vois que c'est une affaire de corps, brisons-là s'il se peut. Ils sont deux contre un et d'ailleurs je ne suis pas bien sûr d'être dans mon droit. Je promis en conséquence à mon père d'être plus réservé à l'avenir et de respecter la propriété d'autrui. Il est vrai qu'au fond je n'en pensais pas un mot; mais le Destin, ce vieux dieu païen, qui n'est pas mort quoi qu'on dise, avait résolu de me faire tenir ma promesse. Je dirai bientôt comment il s'y prit.

Chapitre 11.

—

Comme quoi, séduit par l'appat des grandeurs, je me laissai aller à écouter certaines ouvertures.

Pendant que je faisais à mon père des protestations quelque peu jésuitiques à l'endroit de son admonition, mon beau-frère semblait sur les épines. Il se mouchait, il éternuait, il se passait la patte sur le bec et regardait au plafond comme s'il cherchait une inspiration. Je m'amusai un instant de son embarras, mais le voyant suer à grosses gouttes, je résolus de venir à son secours.

— Voyons, mon magister, qu'avez-vous à me dire ?

— Ce que j'ai à vous dire ? Mais d'abord comment savez-vous que j'ai à vous parler ?

— Oh ! cela n'est pas difficile ; vous ressemblez à un poète qui cherche une rime.

— Et qui ne la trouve pas, ajouta mon père.

— Eh bien ? puisque vous avez deviné, j'aime mieux parler sans détours. J'étais chargé près de vous d'une mission secrète de la part des autorités. Je devais, comme on dit, sonder le terrain, deviner vos intentions sur un certain point, et selon que je vous aurais trouvé plus ou moins disposé à accepter, j'aurais fait mon rapport en conséquence et.....

— Certes, vous m'avez l'air d'un adroit diplomate

et j'approuve le choix qu'on a fait de vous. Mais puisque vous n'êtes pas de l'avis de ce vieux Pierrot qui prétendait que la parole n'avait été accordée à l'homme ou à tout autre animal que pour déguiser sa pensée; puisque vous voulez jouer cartes sur table, je vous écoute, je serai aussi franc que vous. De quoi s'agit-il?

— La guerre, ce fléau dévastateur, inventé par la férocité et repoussé par la saine philosophie......

— Bien, je vois que vous avez retrouvé votre exorde; passons au fait, je vous en aurai la même obligation, et pour vous le prouver je ne vous répondrai pas sous forme de discours. De quoi s'agit-il?

— Quel dommage, dit en souriant mon père; il était parti! Mais je n'y perds rien, je n'entends que cela depuis hier.

— Arrivons donc au fait, continua le magister d'un air piteux. Je viens vous demander, si, dans le cas où vos amis réussiraient à vous faire nommer général de la milice Pierrotine, ils pourraient compter sur votre acceptation.

— Diable ! Ceci demande réflexion. Certes, je désire plus que tout autre être utile à mon pays, et la milice a droit à toutes mes sympathies ; cependant avant de me prononcer, je voudrais m'aboucher avec quelqu'un qui pût me renseigner convenablement.

— Oh ! si ce n'est que cela, demain vous recevrez la visite d'un Pierrot qui ne vous laissera rien à désirer ; seulement je vous préviens qu'il est un peu mauvaise langue ; mais, malgré cela, ou peut-être à cause de cela, il fait de nous tout ce qu'il veut, et pour peu que vous le souhaitiez, il est capable, à lui seul, de vous faire nommer, sauf à vous tourner en ridicule le lendemain.

— C'est ce qui se voit journellement ; ce qui n'empêche pas de recommencer à la première occasion.

— Je puis donc donner quelqu'espérance à ceux qui m'ont envoyé ?

— Je recevrai demain la visite que vous m'avez annoncée.

Tous deux se disposaient à sortir, lorsque je sentis

une patte mignonne se poser sur mon aîle. Je me retournai, c'était ma sœur aînée, l'épouse de M. le maître. Après l'avoir embrassée cordialement je lui demandai ce qu'était devenue notre sœur.

— Oh! la mauvaise petite borgne, c'est un vrai lutin, elle s'est fait nommer cantinière de la milice.

— Et mes frères ?

— L'un est douanier et l'autre contrebandier, ce qui ne les empêche pas de vivre dans la meilleure intelligence.

— On a vu des rapprochements plus extraordinaires. Et ma mère ?

— Toujours la même. Elle t'embrasse et attend ta visite.

Pendant cette conversation, nous étions arrivés au jardin et nous nous séparâmes. Avant de me quitter, ma sœur se rapprocha de moi et me dit à l'oreille :

— Tu vois bien ce gros butor ? c'est mon mari ;

mais ce n'est pas ma faute. Je l'ai épousé par force et il me le paiera, foi de Pierrette. Elle s'envola sans attendre ma réponse.

Chapitre 12.

—

Où l'on voit qu'il est encore des soubrettes qui n'accordent pas un rendez-vous à la première réquisition.

Ainsi va le monde, me disais-je. Cette pauvre petite était sans doute éprise d'un joli Pierrot et on lui fait épouser cet épais pédagogue; mais il paraît que l'autre n'y perdra rien. — Compensation. — Dieu est juste et le beau sexe aussi: Mahomet est le prophète de l'un, et je suis le très-fervent adorateur de l'autre.

Cette succession d'idées me ramena naturellement à la fin tragique de ma malheureuse amie et je résolus de composer en son honneur une élégie dont le parfum poétique ne manquerait pas de s'élever jusqu'à elle : je pris en conséquence une feuille de rose sur laquelle je jetai mes idées. J'avais déjà pleuré trois strophes et je cherchais une rime à *grisette*, pour terminer la quatrième, lorsque j'aperçus sous ma fenêtre la plus agaçante des soubrettes. Voilà ma rime, m'écriai-je aussitôt.

— Oh! non, M. Buridant, me répondit-elle, d'une petite voix flûtée, je ne m'appelle pas *ma rime,* je me nomme Bibi et j'ai quelque chose à vous demander.

Tout en me parlant, elle chiffonnait dans sa petite patte une feuille de jasmin pliée en deux, et sur laquelle il devait se trouver quelque chose d'écrit.

— Que puis-je faire pour vous, ma gentille Bibi, car

vous êtes charmante, parole d'honneur, et je n'ai rien à vous refuser.

— C'est qu'il y a déjà long-temps que je vous vois écrire, et j'ai pensé que vous saviez sans doute lire aussi.

— C'est assez probable, et vous désireriez.... ajoutai-je en regardant la feuille de jasmin.

— Oui, dit-elle en rougissant imperceptiblement, je voudrais savoir ce qu'il y a là-dedans.

Et elle me présenta la précieuse feuille sur laquelle je lus à haute voix ce qui suit :

« Adorable Bibi,

» Si vous êtes toujours pour moi aussi sauvage, » aussi cruelle, j'en mourrai de chagrin ; je sens déjà » que cela commence.

» Votre fidèle Pierrot,

» JACK. »

» P. S. Faites-moi le plaisir de me repondre ce qui

» suit :

« *Je passerai ce soir, seule, à cinq heures, sous l'allée*
» *des Platanes.* »

— Eh ! bien, lui demandai-je ?

— Est-ce que vous croyez qu'il mourrait si je.....

— Certainement. Cela se voit tous les jours, et moi qui vous parle, je me suis trouvé bien des fois dans ce cas-là.

— Alors, ce n'est pas dangereux.

— Enfin, que faut-il répondre ? Faut-il dire ?....

— Oh ! non !

Ici la jolie soubrette réfléchit un instant..... enfin elle se décida :

— Dites-lui d'abord de ne pas trop mourir ; ajoutez

que je ne veux pas me rendre sous la grande allée, parce que ma maîtresse le saurait, mais que je lui défends d'y aller avec une autre.

— Très-bien.

Je fis ce qu'elle désirait et lui remis la feuille au bas de laquelle je venais d'écrire sa réponse.

— Mais comment se fait-il que vous vous soyiez adressée à moi dans cette circonstance ?

— C'est que tous les jours je vous vois à votre fenêtre, et puis tout le monde dit que vous êtes un excellent Pierrot.

— Vous venez donc ici tous les jours ?

— Oui, à midi, avec ma maîtresse, qui étudie là, dans la gloriette. Oh ! elle vous connaît bien, ma maîresse.

— Ah ! Est-elle aussi jolie que vous ?

— Cent fois davantage. C'est la plus belle Pierrette du pays, et si elle avait voulu se marier, il y a long-temps que ce serait fait.

— Je voudrais bien la voir, mais sans qu'elle m'aperçût.

— Venez, je vous la montrerai, je sais comment elle se place.

D'un bond je fus dans le jardin, et, guidé par la soubrette, je pus admirer à mon aise l'objet le plus ravissant qui jamais eût frappé mes yeux.

Chapitre 13.

—

L'amour me faisant perdre la raison, je m'accroche à la rime afin de sauver quelque chose du naufrage.

Essaierai-je de peindre la fée que j'avais devant moi ? Non : il n'y a pas de mots pour exprimer de telles merveilles, on ne les voit même pas, on les rêve. Je ne sais combien de temps je restai en extase, mais quand je revins à moi, j'étais amoureux, amoureux fou, et mon sort dépendait désormais de la maîtresse de Bibi.

J'entraînai doucement cette dernière chez moi, et quand nous fûmes renfermés, je l'embrassai de toutes mes forces.

— Bibi, lui dis-je, tu viens sans le savoir de faire ta fortune ; désormais tu n'auras rien à désirer. Veux-tu être riche? tu le seras. Désires-tu être reine? je te donnerai un trône et l'univers pour domaine, tu n'as qu'à parler; mais, pour cela, il faut que tu me serves près de ta maîtresse. Je l'aime, je l'adore comme on adore Dieu, et il n'est rien que je ne fasse pour être aimé d'elle.

Écoute : je t'ai rendu aujourd'hui un léger service, ce n'est rien. Je te ferai épouser Jack ; est-il de la milice?

— Oui, répondit Bibi, qui me regardait d'un œil stupéfait.

— Eh! bien, je le mettrai en prison jusqu'à ce qu'il consente à t'épouser ; tu auras une dot princière, une dot *Rotschildienne ;* je nommerai ton mari mon garde champêtre, et tu passeras première dame d'atours de ma femme, ta maîtresse actuelle ; mais pour cela il faut que je l'épouse, et tu peux m'être utile pour atteindre ce but désiré.

— Oh ! je le veux bien ; que faut-il faire ?

— Tu vas lui dire que je l'ai vue, que je l'adore et que je l'adorerai éternellement, tu lui diras.....

— Que vous allez mourir si.....

— Non, au contraire, que je ne vis que pour elle, que.... mais je crains que tu t'expliques mal, je vais lui écrire et tu lui remettras mon billet.

— Volontiers.

— A propos, comment se nomme-t-elle ?

— Ida.

— Quel adorable nom ! J'ai connu une montagne qui ne s'appelait pas autrement.... Je vais lui écrire.

— A la montagne ?

— Eh ! non ! Tais-toi. Va me chercher une feuille de myrte......

Et, sans faire une seule rature, j'y traçai le billet suivant :

> Serais-tu la vierge chérie
> Qui dès l'aurore de la vie,
> M'a fait rêver au mot d'amour ?
> Ou n'es-tu qu'une ombre légère,
> Reflet trompeur d'une chimère,
> Qui se dissipe avec le jour ?

> Viens-tu des voûtes éthérées,
> Bel ange aux aîles diaprées,
> M'annoncer des jours de bonheur ?
> Ou n'es-tu qu'un malin génie,
> Astre déchu d'une autre vie,
> Fille du dieu tentateur ?

Oh ! viens ! quelque soit ton message,
Mon cœur est à toi sans partage,
Je suis à toi, fille des cieux ;
Je laisse à longs traits dans mon âme
Pénétrer l'amoureuse flamme
Que je puise dans tes beaux yeux.

BURIDANT.

Quand Bibi quitta ma chambre avec mon billet, il me sembla qu'elle emportait mon cœur avec elle ; je la suivis du regard jusqu'à ce qu'elle fut arrivée à la gloriette. Je vis le feuillage s'agiter un moment, puis, comme une étoile qui file, Ida disparut à mes yeux, suivie de la petite soubrette dont le regard fut longtemps dirigé sur ma fenêtre. Que n'aurais-je pas donné pour être à sa place.

Chapitre 14.

Incipit lamentatio Buridanti.

(Traduction libre) : **L'amour** ôte le sommeil à **Buridant.**

Pendant tout le reste de ce jour, je me trouvai dans la position de quelqu'un qui a reçu un coup violent sur a tête. Je n'avais pas la perception bien nette des objets qui m'environnaient ; un bourdonnement continu résonnait à mes oreilles, et j'avais beaucoup de peine à réunir mes idées. Tout ce qui venait de se passer me semblait un rêve..... mais aux battements de mon cœur je ne pouvais plus douter de la réalité. Ida, cette Pierrette divine, m'apparaissait partout comme dans un nuage. Elle était le voile au travers duquel je voyais le reste de la création; je me sentais son esclave et je m'en applaudissais.

La nuit, loin de mettre un terme à mes tourments, ne fit que les augmenter. Je la passai, cette nuit, dans des alternatives de crainte et d'espérance. En proie aux émotions les plus contraires, je ne pus me livrer au sommeil. — Comment mon billet avait-il été reçu? Avait-on daigné le lire? Recevrais-je une réponse? et, dans ce cas, quelle serait-elle? — Les personnes qui se sont trouvées dans un cas analogue pourront seules apprécier mes angoisses. Jusqu'à ce jour, j'avais cru être passé par toutes les phases de l'amour ; mais maintenant j'avais la certitude du contraire. Je n'avais jamais aimé. Ce que j'avais pris pour de l'amour n'était qu'un désordre des sens, des aberrations de jeunesse dont j'étais à jamais guéri.

Au point du jour, je descendis au jardin. Je visitai la place qu'elle occupait la veille, je baisai l'herbe sur laquelle elle avait posé ses jolis *pieds,* je gravai le nom d'Ida sur tous les arbres, je l'écrivis sur toutes les feuilles ; j'enviai le sort de celles qu'elle avait effleurées de son aîle. Je me rappelai que c'était à midi qu'elle venait chaque jour se livrer à l'étude dans la gloriette. J'effeuillai toutes les roses qui se trouvaient dans le jardin pour lui en faire un tapis, et je rentrai chez moi.

Midi ! Avec qu'elle impatience j'attendais ce monotome carillon, qu'à vrai dire je n'ai jamais compris !— J'avoue que mon éducation musicale a été un peu négligée. — Mais qu'allait-elle m'apporter, cette heure tant désirée : le bonheur ? ou le désespoir ? Je regardai à la pendule, elle ne marquait que dix heures. Cela me paraissant impossible, je sortis pour voir l'heure de la ville. — Dix heures moins cinq minutes !!! et il me semblait que j'étais éveillé depuis deux jours. Il faut, me disais-je, qu'il y ait quelque chose de détraqué par là-haut, ou que Josué s'amuse aujourd'hui à donner une seconde représentation de son miracle. Dans ma colère, je montrai le poing au soleil : « Astre maudit,

» m'écriai-je, je demande ton changement ; la lune fera
» l'intérim ; tant pis pour les melons, ils mûriront plus
» tard ou pas du tout, peu m'importe...... je n'en
» mange pas. »

Le temps néanmoins, ce vieux bonhomme qui semble marcher si lentement et qui arrive si vîte, me rapprochait de plus en plus du terme de mes désirs. Mais à mesure que l'aiguille du cadran atteignait le sommet de sa course ascendante, je sentais mon impatience diminuer, et bientôt j'arrivai à redouter le moment que je venais d'appeler de tous mes vœux.

Je tressaillais au moindre bruit. Tout le sang me remontait au cœur, et ma vue, troublée par l'émotion, me montrait dans le mouvement de chaque feuille agitée par le vent, soit la soubrette, soit Ida elle-même. — Ce qui précède ne peint que bien faiblement les tourments de l'attente. Eh ! qui pourrait jamais rendre compte de tout de qui se passe dans un cœur amoureux, à ces heures d'incertitude où l'on joue, pour ainsi dire, son existence sur un mot, sur un regard.

Moments doux et cruels en même temps, et que l'on

a tort de ne pas prolonger..... dans quel trouble vous me plongiez alors !

La tour jeta enfin par ses quatre gueules béantes les douze coups destinés à annoncer que le soleil était arrivé au milieu de sa carrière. Chaque vibration trouvait un écho dans mon cœur qui bientôt cessa de battre. J'étais pétrifié ; j'étais passé à l'état de statue, et, certes, Ida fût venue se percher sur ma tête, que pas un mouvement de ma part n'eût trahi le peu de vie dont je jouissais encore.

Cependant l'heure s'écoulait et, Ida n'arrivant pas, le sang commença à circuler plus librement dans mes veines, ce qui me soulagea d'un poids énorme ; mais en reprenant mes sens, je compris aussi le peu de réussite qu'avait eu mon billet de la veille, et je m'abandonnai au plus profond chagrin.

La démarche que j'avais faite près d'Ida, et plus encore le brûlant amour que je ressentais pour elle, ne me permettaient pas de rester inactif. A tout prix il me fallait posséder cette charmante créature, et je cherchais une nouvelle combinaison, lorsqu'un coup de bec donné sur mes vîtres vint m'arracher à mes rêveries conjugales.

Chapitre 15.

—

— **Tambours!**
— **Plaît-il, capitaine?**
— **Roulement!!!!**

Au diable l'importun visiteur, me dis-je, en voyant la mine éveillée du Pierrot qui me dérangeait si mal à propos.

— Donnez-vous la peine d'entrer, soyez le bien venu, Monsieur ; à qui ai-je l'honneur de parler ?

— Bisbille,* Monsieur Buridant, courtier de nouvelles, bonnes et mauvaises, membre honoraire de plusieurs sociétés — *musicales principalement,* — coiffeur de mon état. Mille pardons si je vous ai fait attendre, mais je ne voulais me présenter à vous qu'en vous annonçant une réussite certaine, et je vous certifie qu'en ce moment vous n'avez plus qu'un mot à dire.....

— Un mot à dire ? mais j'en dirai mille, dix mille, des volumes ; quoi vous connaissez la charmante Ida et......

— La charmante Ida.... la charmante Ida.... Pour qui me prenez-vous, Monsieur ?

— Mais il me semble.....

— Ma foi, je connais toutes les cantinières de la milice, et pas une ne porte ce nom.

―――――――――――――――――――――――――――

*J'ai dû traduire par ce mot un peu vieux.

— Misérable! Il s'agit bien de cantinière... de milice!

— C'est cependant pour cela que je suis ici.

— Ah! pardon mon cher.... mon cher....?

— Bisbille.

— Mon cher Bisbille, je pensais à autre chose. Vous veniez donc.....

— Je venais pour vous dire qu'au moindre mot de votre part, le général de la milice pierrotine sera *dégommé,* et vous prendrez sa place ; vous avez une imposante majorité.

— A vous parler franchement, je suis flatté de l'honneur qu'on veut me faire. Hier encore j'aurais accepté sans hésitation, mais aujourd'hui cela m'est impossible.

— Quel malheur! Ce n'est pas, je suppose, votre dernier mot?

— C'est mon dernier mot. Mais quels motifs avez-vous pour dégommer votre général, comme vous le dites ?

— Non-seulement le général, mais encore tous les gros bonnets. Il y a une cabale monstrueuse contre eux.

— Mais encore pourquoi ? Est-ce que vos chefs actuels.....

— Excellents citoyens, remplis de zèle; et c'est la seule chose qu'on puisse sérieusement leur reprocher. Voyez-vous, Monsieur Buridan, comme dit le proverb' l'excès.....

— L'excès en tout est un défaut.

— Vous l'avez dit, et voilà le *hic*. Cet excès de zèle de la part de quelques-uns tue celui de tous les autres. Le général, en effet, a une manie, c'est de vouloir être en même temps général, commandant, capitaine, juge, oh ! juge surtout ; c'est sa passion. Il élabore des considérants dignes d'un président de cour royale, et malheur au Pierrot qui s'en trouve accablé.

— Mais alors que font donc les juges?

— Ils épèlent ses considérants, faute de pouvoir les lire. Il paraît qu'il n'a pas une fort belle main, notre général.

— Après tout, qu'importe que les considérants, comme vous les appelez, soient faits par tel ou tel, pourvu qu'ils soient justes?

— Je ne dis pas. Cependant chacun son métier, comme on dit. Ensuite, est-ce que vous trouvez que c'est très-flatteur pour les juges d'être transformés en perroquets ou tout au plus en presse à copier?

— C'est vrai. Sont-ce là tous vos griefs?

— Pour ce qui concerne le général personnellement, oui. Reste l'état-major pris en masse.

— Pour le coup, c'est une Saint-Barthélemy d'épaulettes!

— Que non! Études de mœurs, rien de plus; purs enfantillages.

— Vous me rassurez ; voyons.

— Eh ! bien ! ces messieurs ont un plaisir inouï à *jouer au soldat,* comme les petits Pierrots du quartier les jours de congé. Sous le fallacieux prétexte de juger du plus ou moins de brillant de nos becs et de nos griffes, ils nous allignent sur plusieurs rangs......

— Bah !

— Oui. Des allignements artistiques, quelque peu festonnés ; ça récrée la vue, c'est moins monotone qu'une ligne droite.

— Vous offrirai-je un cigarre ?

— Volontiers. Mais je ne vous tiens pas quitte.

— Quoi ! Ce n'est pas tout ?

— Allons donc !.....

— Tant mieux ; cela me distrait : Oh ! je suis bien malheureux, Monsieur Bisbille !

— Est-ce que vous êtes de parade demain?

— Non.

— J'en suis fort aise pour vous, car vous pourrez vérifier l'exactitude de ce que je vais vous dire. Après l'alignement festonné vient le défilé.

— Tiens! L'on défile aussi?

— Certainement, mais toujours d'après le même principe. Moins de lignes droites que jamais. Pour vous faire une juste idée de cette opération stratégique, figurez-vous plusieurs demi-lunes marchant au pas accéléré à quinze emjambées l'une de l'autre.

— Et les guides?

— Enfoncés!

— Et les chefs de volée? *

---

* La volée représente numériquement à peu près une compagnie de troupe de ligne en temps de paix.

— Ils s'efforcent de marcher au pas et ils réussissent quelquefois.

— Je crois, M. Bisbille, que vous êtes un peu mauvaise langue.

— Mauvaise langue, moi! je cultive un peu la médisance, voilà tout ; mais, moi mauvaise langue, jamais!!

— Je vais donc....

— Chut! Je vais vous dire encore quelque chose, mais sous le sceau du plus profond secret.

— Je suis tout oreilles.

— Et vous vous tairez ?

— Je suis muet.

— Eh! bien!.... (Le satané Pierrot jeta un regard rapide autour de nous, puis, me posant la patte sur l'aîle gauche): on dit, — mais ce n'est pas moi ; je ne fais que répéter....

— Comme les juges de tout à l'heure ?

— Absolument. On dit que certains gros bonnets se réunissent deux et trois fois par semaine, pour se donner la petite satisfaction de s'appeler entr'eux : *mon général, mon colonel, mon major, mon commandant*....

— Adorable !

— On ajoute même—mais je n'en crois pas un mot— qu'ils paient un domestique qu'ils placent sur la gouttière, pour se faire rendre à leur passage les honneurs dus à leurs grades.

— Parbleu ! mon pauvre Bisbille, qu'est-ce que cela prouve, sinon l'étroitesse du cerveau Pierrotin en général : il faut des hochets aux êtres les plus raisonnables. Ceux dont tu parles se contentent de peu, conservez-les : on gagne rarement à changer, et un vieux proverbe dit qu'il ne faut jamais se réjouir de la mort d'un mauvais seigneur.

— Vous en parlez bien à votre aise, on voit bien que vous ne faites pas partie de la milice Pierrotine.

— C'est ce qui vous trompe, je n'ai jamais manqué à l'appel, je suis au contraire un *dévoreur* de parades, et c'est pour cela que je refuse votre proposition.

— C'est bien fâcheux et je ne m'en consolerai jamais si vous ne me donnez pas votre pratique.

— Qu'à cela ne tienne. Mais aujourd'hui je n'ai pas l'esprit aux frisures. Laissez-moi votre adresse et au besoin j'en userai.

— *Bisbille, courtier de nouvelles bonnes et mauvaises, membre de plusieurs sociétés, coiffeur de mon état, et médisant par vocation, pour vous servir.*

Et il me quitta.

Chapitre 16.

—

Où l'auteur se croit obligé d'interrompre un instant le cours de ses mémoires, pour prouver à ses amis que son maître vient de perdre une superbe occasion de se taire.

— Es-tu fou, mon cher Buridant, me dit mon maître ce matin même, 12 novembre ?

— C'est possible ; mais je vous conseille de ne pas

accoler cette épithète à mon nom, avant que la faculté et les tribunaux vous en aient donné le droit, car je ne suis pas d'humeur à le souffrir. Qu'ai-je donc dit ou fait pour que vous ayez de moi une semblable opinion?

Mon maître tira de sa poche un prospectus annonçant la publication de mes Mémoires.

— Tu oublies sans doute ceci en faisant ton examen de conscience?

— En aucune façon, et il faut que vous-même soyez fou ou quelque chose de plus ou de moins, comme il vous plaira, pour ne pas voir le but que je me suis proposé. Vous ne savez donc plus lire? Voyez donc, en belle impression même : *Souscription en faveur des inondés.* Il n'y a rien de fou là-dedans.

— L'intention, je ne dis pas. Mais que crois-tu qu'on pensera de l'outre cuidance d'un Pierrot parfaitement inconnu, sous tous les rapports, et qui se permet de faire imprimer *des riens,* tu l'avoues toi-même dans ton prospectus. On se moquera de toi.

— Eh! que m'importe! Vous devez savoir mieux

que personne que j'accepte la plaisanterie poussée à ses dernières limites, et ce, grâce à vous, qui, fort souvent, avez mis ma patience à de rudes épreuves. Je vous le répète : peu m'importe, pourvu que les inondés en profitent.

— Oui. Et s'ils n'en profitent pas, si tu n'as pas de souscripteurs.

— J'en ai déjà beaucoup et j'en aurai davantage encore ; tout ce qui porte un cœur compâtissant se joindra à moi pour faire une bonne action. Ce n'est pas le livre qu'on aura en vue, mais l'idée qui l'aura produit. Quand à la forme, je l'abandonne volontiers au public. C'est une nécessité imposée à quiconque se fait imprimer. Mais, à propos, je n'ai pas encore vu votre nom chez l'imprimeur ?

— Mon nom ?

— Oui. Faites-moi le plaisir de le mettre lisiblement, si cela vous est possible, au pied de ce prospectus.

— Moi ?

— Oui, vous-même. Il me semble que nous sommes seuls ici.

— Oh! pour cette fois tu es bien fou, archi-fou, je n'ai plus le moindre doute à cet égard. Comment, tu veux que moi qui t'ai élevé, moi qui t'ai dressé, moi qui connais toute ta vie, toutes tes tribulations depuis A jusqu'à Z, tu veux encore que je souscrive à tes mémoires? J'aimerais mieux souscrire pour ne pas les lire.

— Oh! vous êtes bien libre, mais signez toujours.

— Et si je ne veux pas signer?

— Vous êtes toujours libre. Je ne force personne ; seulement j'aurai l'honneur de vous faire observer que si vous me connaissez si bien, vous ne m'êtes pas entièrement étranger et je sais certaines petites choses qui vous touchent de très-près, qui trouveront leur place dans mes mémoires. Quoique la première partie soit sous presse, la seconde n'est pas encore terminée. Aussi bien, je puis, sans inconvénient, amuser un peu mes souscripteurs aux dépens de ceux qui ne souscrivent pas. Je vous le répète, vous êtes libre, excessivement libre.

— Eh! bien.....

— Que décidez-vous?

— Je décide que c'est un guet-apens.

— Mais, vous signez?

— Oui, et je veux en outre te donner un petit conseil. Si tu emploies souvent les moyens que tu viens d'essayer sur moi, tu feras bien de numéroter tes os.

— Bah! j'en serai quitte pour ne pas trop sortir tant que la chasse sera ouverte; — et votre signature?

— La voilà.

— Fort bien. Quelles pattes de mouche!

— Aussi tu me promets....

— Je vous promets.... ma bénédiction et celle des inondés si vous me rapportez 50 signatures sur les 50 billets que voici.

Peste, se dit mon maître, en prenant d'un air piteux le paquet que je lui présentais, j'aurais mieux fait de retarder ma visite de quelques semaines.

— Sans rancune, ajouta-t-il.

— Amen — répondis-je.

Chapitre 17.

—

Qui ferait supposer que **Bibi** n'est pas aussi ingénue qu'on pourrait le croire.

J'avais accompagné Bisbille jusqu'au jardin, et son emphatique réclame me tintait encore aux oreilles, lorsque levant les yeux je vis, perchée sur le mur, Bibi qui, la patte appuyée sur le bec, représentait assez coquettement la statue du silence.

Certes, quand les Mages eurent découvert l'Étoile miraculeuse qui devait les conduire au terme de leur voyage; quand Schœnbein eut inventé la poudre de *bonnets de coton;* aucun d'eux n'éprouva la douce sensation qui me dilata le cœur, en reconnaissant la sémillante soubrette; et, si je n'eusse craint de commettre un acte d'idolâtrie, je me serais probablement prosterné devant elle pour l'adorer.

Bibi promena d'abord ses regards autour d'elle, comme quelqu'un qui craint d'être observé; puis tout à coup elle prit son vol, me passa sur la tête sans s'arrêter et entra dans mon cabinet où je la suivis.

— Oh! M. Buridant, je vous en supplie, faites au plus vîte mettre Jack en prison.

— Comment, en prison, est-ce qu'il refuserait de t'épouser?

— Au contraire, et c'est ce dont je me plains.

— Ne crains rien : je te prends sous ma protection. Mais parle-moi d'Ida, à mon tour; je t'en supplie.

— Ah ! dam ! je ne sais pas si je dois vous dire.... C'est que...

— Tu me fais mourir, Bibi, parle.

— Me promettez-vous d'être discret, de ne jamais rien révéler de ce que je vais vous confier ?

— Je te le jure. — Et je levai la patte droite.

— Eh bien! ma maîtresse vous aime.

— Elle te l'a dit? Quel bonheur !

— Allons donc. Est-ce qu'on dit ces choses-là ?

— Mais alors....

— Voici ce qui s'est passé : En entrant dans la gloriette je lui ai remis votre billet ; aussitôt elle a jeté les yeux sur vos fenêtres, elle est devenue rouge, — tenez, comme vous l'êtes à présent, — puis elle m'a dit en se levant et d'un air furieux : Si cela vous arrive encore, je vous chasse... Et nous sommes parties.

— Et le billet ? l'a-t-elle lu ?

— Attendez donc. A peine au logis, elle m'a envoyé faire une commission; mais... n'allez pas croire que ce soit par curiosité.

— Vîte, vîte.

— C'est que je ne voudrais pas...

— Mais non, mille fois non, je ne veux rien croire du tout.

— Alors, c'est inutile que je vous en dise d'avantage.

— Au contraire, tu me fais sécher d'impatience. Je veux dire que je ne te crois pas curieuse, parbleu ! il n'est pas de règle sans exception.

— Alors je continue. Au lieu d'aller faire la commission, je me suis cachée et j'ai regardé.

— Très-bien.

— Eh! non, c'est mal. Mais je l'ai fait par amitié pour vous. Aussi, je vous en prie, mettez Jack en prison.

— Oui, oui, oui, cent fois oui, je vais le faire pendre si tu veux.

— Gardez-vous en bien, car....

— Mais, sois donc tranquille encore une fois.

— Alors je l'ai vue qui lisait votre billet. Elle devenait rouge, puis pâle, puis rouge encore; enfin elle l'a caché bien précieusement.

— Quel bonheur!

— Attendez donc. Ensuite elle s'est promenée et en se frappant le front elle a dit.....

— Oh! qu'a-t-elle dit?

— « Quel dommage! que M. Buridant soit un si

» mauvais sujet et qu'on ne puisse pas croire un mot » de ce qu'il écrit! » Alors, j'ai vu de grosses larmes tomber de ses yeux.

— Je donnerais ma vie pour essuyer une de ces larmes.

— A ce moment je me suis montrée et elle m'a dit : « Je ne vous chasse pas cette fois, mais pour votre » punition, vous direz à M. Buridant que je lui défends » de m'écrire, et que s'il persiste, je n'irai plus jamais » dans son jardin. »

— Alors je n'ai plus qu'à mourir.

— Encore une fois? Ecoutez, M. Buridant, si elle ne veut plus que vous lui écriviez, il me semble qu'elle ne vous défend pas de lui parler.

— Tu crois?

— Puisqu'elle viendra demain comme de coutume. Mais savez-vous que pour un Pierrot tel que vous, vous êtes un peu... A votre place, Jack n'hésiterait certainement pas et...

— Ah ! Bibi, si je ne l'aimais pas!

— Au contraire...

— Alors, je prends mon parti, j'aurai du courage et demain à midi, dès qu'elle sera arrivée je me présenterai.

— Surtout, pas un mot de ce que je vous ai dit.

— Sois tranquille.

— Conduisez-moi jusque derrière le mur, à cause de Jack.

— A demain.

— A demain.

Chapitre 18.

—

Où l'auteur fait preuve d'une érudition musicale dont on est prié de lui tenir compte.

Encore une interruption, mais ce sera la dernière ; je ne puis passer sous silence deux lettres anonymes que le facteur m'a apportées ce matin.

L'une met en doute l'authenticité de mon nom. Par une méprise inconcevable, la personne qui l'a écrite, et que je suis heureux de compter au nombre de mes amis, m'avait cru jusqu'à ce jour un descendant du capitaine Buridan de la *Tour de Nesle*. Grave erreur.

Mon nom, tel que je l'écris, avec un T, est ma propriété exclusive, et c'est me faire injure d'en douter. Au reste, mon acte de baptême est à la disposition de tout le monde, et, si l'on veut avoir des renseignements plus positifs, on pourra s'adresser à MM. les *Chevaliers de la table ronde,* mes parrains, qui ont signé au registre.

Je conseille à mon ami anonyme, quand il voudra écrire de semblables lettres, de ne pas se servir d'un certain papier glacé en tête duquel son nom est estampillé en toutes lettres.

L'auteur de la seconde missive prétend que je *Robertmacairise* le public, attendu qu'un Pierrot n'a jamais su écrire. Voici ma réponse :

Au clair de la lune,

> Mon ami *Pierrot*,
> Prête-moi ta *plume*
> Pour *écrire* un mot.
>
> (CHANT POPULAIRE).

Est-ce clair ?

Chapitre 19.

—

Avec quelle volupté je donnerais 0ᶠ 50ᶜ à qui se chargerait de confectionner ce chapitre.

> Dis-moi si l'amoureux délire,
> A l'aide d'un demi-sourire,
> Peut se deviner dans les yeux,
> Comme on voit sous l'onde limpide
> Et malgré sa course rapide
> L'étoile qui luit dans les cieux.
>
> **POÉSIES PIERROTINES.**

Il est bien évident que si une divinité quelconque ne me tend pas la main, je vais rester coi. Mais je sais que les Dieux ne descendent guères ici bas que sur invitation en bonne forme, et je vais essayer :

> Toi qui sortant du sein de l'onde,
> Vénus la blonde,
> Pour parure avais tes cheveux
> Longs et soyeux,
> Viens. . . . .

Bah ! Quand j'invoquerai pendant deux heures Mme Vénus et son fils Cupidon (puissent-ils vous être favorables, charmantes lectrices), cela ne vous apprendra pas ce qui se passait dans la gloriette à midi et quelques minutes.

Ida, le front courbé vers la terre, semblait réfléchir profondément. J'étais à ses pieds, tremblant de crainte et d'espérance, attendant, comme un accusé, l'arrêt qui devait fixer mon destin.....

Depuis un instant rien n'interrompait le silence de la gloriette, si ce n'est la *voix* nasillarde d'un insupportable grillon, qui, sans pitié pour nos oreilles, grinçait sans relâche son insipide carillon, tandis que Bibi, qui sans doute ne prisait pas plus que nous ce genre de mélodie, s'efforçait de découvrir le musicien pour le mettre à la raison.

— Ida! divine Ida! m'écriai-je enfin, mais ne voyez-vous pas que je meurs à vos pieds, ne me répondrez-vous pas?

— Ah! Dieu sait ce qui se passe actuellement dans mon cœur, répondit-elle, en levant vers le ciel ses beaux yeux baignés de larmes. Je voudrais vous croire, mais ce passé, ce passé...... et qui me répondra de l'avenir?

— Qu'est-ce que le passé? Qu'est-ce que l'avenir? N'avons-nous pas le présent? Et si vous le vouliez, Ida, ce présent dont vous ne dites rien, ne vous répondrait-il pas de l'avenir? Le passé? Oh! je le maudis comme vous, puisqu'il fait couler vos larmes. Si vous saviez quel changement s'est opéré en moi depuis hier, jour où je vous ai vue pour la première fois! Une nouvelle vie s'est révélée à moi, le monde m'apparaît sous une autre forme, et mon cœur que je croyais blasé à jamais, bat près de vous de l'émotion la plus douce qu'il soit possible de ressentir.

— Je veux croire que vous ne cherchez pas à me tromper, Buridant; mais qui sait si, sans le savoir, vous ne vous trompez pas vous-même; qui sait......

— Oh! non, ce que je ressens ne peut me tromper; j'éprouve le besoin instinctif d'aimer tout ce qui m'environne, la nature me semble vêtue d'un manteau de fleurs, et cette gloriette même où nous sommes, me représente un temple dont vous êtes la divinité.

— Et toutes ces Pierrettes que vous aimiez, vous les retrouverez, vous les aimerez encore, et peut-être même aujourd'hui......

— Aujourd'hui!.....

> Ce que j'aime, Ida, c'est la brise
> Caressant la mer qui se brise
> Sur les flancs de roche grise
> Où chaque jour je viens m'assoir,
> Lorsque Philomène plaintive,

Charmant mon oreille attentive,
Adresse aux échos de la rive
Les accords de son chant du soir.

J'aime les voix harmonieuses,
Qui dans les nuits silencieuses,
De promesses mystérieuses
Bercent mon paisible sommeil ;
Fantômes vains, ombres légères,
Dont les caresses éphémères
Me rendent, hélas ! plus amères
Les réalités du réveil.

J'aime la modeste pervenche
Dont la tige humide se penche,
Entr'ouvrant sa corolle blanche,
Près du myosotis en fleur ;
J'aime le parfum de la rose,
J'aimerais encore autre chose
Que je dirai bien. . . . . mais je n'ose.
Ida, mets la *main* sur mon cœur.

Et joignant le geste aux paroles :

— Ida, serez-vous donc impitoyable ?

Elle cacha sa charmante tête dans mon sein, et j'entendis à peine ces mots, dont la céleste musique retentit encore à mon oreille :

— Buridant, je t'aime !....

Et les fauvettes, voltigeant dans les ormes du parc, lançaient vers le ciel les cadences perlées de leur chanson d'amour......................................
....
....

Chapitre 20.

—

Du danger pour les jeunes filles d'arriver trop tôt au rendez-vous.

Le lendemain de l'entretien fortuné que je viens de rapporter, je me promenais à grands pas dans mes appartements, baissant la tête à chaque porte par laquelle je passais, car il me semblait avoir grandi de cinq coudées. J'attendais Ida, qui m'avait promis de venir ce jour-là une heure plus tôt que de coutume.

Je gazouillais tout en rêvant cet air italien si connu : « *Di tanti palpiti,* » sans prévoir, hélas! la catastrophe dont mes amours étaient menacées.

Le jardinier de mon maître, fort mécontent des dégâts causés par suite de la sérénade que m'avaient donnée mes concitoyens, avait résolu de se venger de quelques-uns d'entr'eux, et pour atteindre ce but, il leur avait, à mon insu, tendu de petits pièges dans toutes les allées du parterre.

Ida, long-temps avant le moment convenu, arriva au jardin ; je la vis traverser une allée dans laquelle se trouvait un de ces pièges que je reconnus à l'instant. Je me précipitai pour l'avertir du danger qu'elle courait; mais plus prompte que moi, les yeux dirigés sur ma fenêtre, elle tomba dans le gouffre, qui aussitôt se referma sur elle. Un cri de rage sortit de ma poitrine. Je m'élançai vers le cabinet de mon maître, qui, voyant mon désespoir, me suivit au jardin, où Bibi faisait des efforts inutiles pour dégager sa maîtresse. D'un coup de pied il fit sauter la trappe, et le spectacle le plus affreux s'offrit à ma vue : Ida était étendue sans mouvement sur le sol ; une pâleur livide était répandue sur tous ses traits : je la crus morte !

Mon maître la transporta sur la table de son cabinet, et, aidé de Bibi qui pleurait à chaudes larmes, il lui fit respirer des sels, et peu à peu elle revint à la vie.

Enfin elle ouvrit les yeux, me reconnut et se jeta dans *mes bras,* où je la pressai sans proférer une parole.

Chapitre 21.

—

D'une pierre deux coups.

Alors mon maître, qui depuis un instant nous regardait d'un air béat, m'adressant la parole :

— Crois-tu qu'il y ait quelque empêchement à ton mariage ?

— Non que je sache, puisqu'Ida consent, dis-je en cherchant des yeux cette dernière, qui, au mot de mariage, s'était empressée d'aller admirer le paysage.

Mon maître lui prit la patte qu'il mit dans la mienne, puis étendant sur nous ses deux mains, que l'émotion faisait trembler légèrement, il dit :

« *Je vous unis.* »

Mais Bibi qui ne nous avait pas perdus de vue pendant toute cette scène, vint me dire à l'oreille :

— Et moi ?

— Mais Jack....

— Il est là, dit-elle, en montrant la fenêtre.

— Eh bien, fais lui signe.

J'expliquai en deux mots à mon maître ce dont il s'agissait.

— Pourquoi pas, me dit-il; qu'ils approchent.

— Mais s'il fallait des dispenses ?

— Est-ce qu'ils sont parents ?

— Je crois qu'oui. Mais le pape actuel est un brave pape, dit-on ?

— C'est possible. Une fois n'est pas coutume.

— Qu'importe, me dit la soubrette, — qu'il nous marie toujours, — on demandera les dispenses plus tard.

Cette fois mon maître prononça d'une voix sonore les mots sacrementels.

Et l'écho de la gloriette répondit aussitôt :

« *Je vous unis.* »

(173)

CONCLUSION.

Je ne terminerai pas sans donner à mes lecteurs un aperçu de la situation dans laquelle se trouvent les personnages qui ont figuré dans cette mémorable histoire.

Au moment où je trace ces lignes, ma mère est dans la dévotion et, pour lui complaire, mon père s'est laissé nommer marguillier ; ma petite sœur borgne a *donné dans l'œil* à un tambour-maître de la milice, qui a déposé à ses pieds son cœur et sa canne, en attendant qu'il emploie cette dernière à un autre usage. Mon frère le douanier est sur le point de passer brigadier et le contrebandier continue son petit négoce sur une plus grande échelle. Bijou est membre d'une troupe de saltimbanques dans laquelle il tient l'emploi de chat martyr. Mirza attend inutilement un mari. — Il paraît que c'est un article *très-demandé*. — Bisbille frise et médit plus que jamais, attendu qu'il a complètement échoué aux dernières élections, et mon beau-frère le magister, cherche le fil du discours qu'il devait prononcer à ma nôce. Ce que fait ma sœur aînée je l'ignore; j'ai inutilement essayé de le deviner, j'y ai perdu mon latin. Enfin Bibi couve, pendant que Jack fait sa tournée dans mes propriétés. Quant à Mme Buridant, elle a tenu ce que promettait Ida et nous vivons comme deux tourtereaux. Ce dénouement est bien bourgeois, mais que peut-on désirer de plus...... Quelqu'un m'avait suggéré l'idée d'aller vivre à Paris, mais je crois que l'air de la capitale est funeste aux maris. Au milieu de vous, mesdames, Ida, à votre exemple, deviendra une *femme* accomplie, et vienne le printemps prochain, nous vous inviterons à vous reposer quelquefois sous la gloriette témoin discret de nos premières amours.

Table.

INVOCATION . . . . , ... , ... IX

PREMIÈRE PARTIE.

CHAPITRE 1ᵉʳ. — Comment l'auteur de ces véridiques mémoires fit son entrée dans la vie d'une manière fort excentrique, et comment il apprit que son papa se trouvait dans un cas dont il n'avait pas le plus léger soupçon 1

Chapitre 2. — Comment je devins le commensal et l'ami d'une jeune fille. — Inconvénient de trop bien cacher les billets doux. 11

Chapitre 3. — Ne pouvant retrouver mon fil, je prends le parti de parler à l'aventure de mes relations de famille. — Comme quoi je pris en guignon un individu qu'on me donnait pour rival 23

Chapitre 4. — Où l'on trouve des considérations d'une profondeur remarquable sur les différents moyens, plus ou moins légitimes, d'envoyer son ennemi *ad patres*. 33

Chapitre 5. — Où le traducteur de ces mémoires croit devoir prendre la parole pour un fait personnel . 41

Chapitre 6. — Comment je parvins à faire faire à Bijou une singerie de ma façon, surpassant toutes celles qu'il avait exécutées jusqu'à ce jour. 46

Chapitre 7. — Où l'on trouve des raisonnements un peu larges sur le droit de se rendre justice à soi-même et comment j'appris par hasard pourquoi les Cosaques ne rentreront jamais en France. 53

Chapitre 8. — Comment m'étant décidé à entrer dans un restaurant j'y trouvai, outre ce que je désirais, quelque chose que je ne cherchais nullement . . 63

CHAPITRE 9. — De Carybde en Scylla 71

CHAPITRE 10. — Où l'on touche en passant le point épineux du mariage considéré sous le rapport de ses effets civils 79

CHAPITRE 11. — Où l'on trouve admirablement bien résolue une question de théologie transcendante qui jusqu'à présent avait fait le désespoir des casuistes les plus huppés 85

CHAPITRE 12. — Sentant mon cœur défaillir et une profonde mélancolie s'emparer de tout mon être, j'essaie de me remonter le moral à l'aide d'une chanson. 93

DEUXIÈME PARTIE.

PRÉFACE . . . . . . , ... 105

APHORISME. — Une montagne est un grain de sable dans l'immensité, et réciproquement un grain de sable est une montagne dans un espace infiniment petit. 109

CHAPITRE 1ᵉʳ. 111

CHAPITRE 2. — Où l'on trouve des choses dont je ne puis donner le sommaire, vu que j'ignore encore moi-même ce qu'elles seront. 117

Chapitre 3. — Cette fois, je sais fort bien ce que je vais dire, et si vous voulez être aussi savant que moi, lisez. 123

Chapitre 4. — Comment, malgré toute ma science, il se présenta un point sur lequel j'étais encore d'une naïveté antédiluvienne. 129

Chapitre 5. — Qui n'a d'autre but que de continuer le précédent. 135

Chapitre 6. — Qui aura sans doute quelque rapport avec le chapitre antépénultième 143

Chapitre 7. — Qui sert de transition au chapitre suivant. 153

Chapitre 8. — Comme quoi la philosophie pratique, poussée un peu loin, peut, ainsi qu'une foule d'autres philosophies, vous conduire en droite ligne à l'hôpital 159

Chapitre 9. — Où l'on trouve un moyen fort ingénieux de faire sa provision de cure-dents 169

Chapitre 10. 177

Chapitre 11. — Comme quoi, séduit par l'appat des grandeurs, je me laissai aller à écouter certaines ouvertures 185

Chapitre 12. — Où l'on voit qu'il est encore des soubrettes qui n'accordent pas un rendez-vous à la première réquisition. 193

CHAPITRE 13. — L'amour me faisant perdre la raison, je m'accroche à la rime afin de sauver quelque chose du naufrage. 201

CHAPITRE 14. — Incipit lamentatio Buridanti. (Traduction libre) : L'amour ôte le sommeil à Buridant . 209

CHAPITRE 15. — Tambours ! — Plait-il capitaine ? — Roulement !!!!. 217

CHAPITRE 16. — Où l'auteur se croit obligé d'interrompre un instant le cours de ses mémoires, pour prouver à ses amis que son maître vient de perdre une superbe occasion de se taire. 229

CHAPITRE 17. — Qui ferait supposer que Bibi n'est pas aussi ingénue qu'on pourrait le croire.. 237

CHAPITRE 18. — Où l'auteur fait preuve d'une érudition musicale dont on est prié de lui tenir compte. . . 247

CHAPITRE 19. — Avec quelle volupté je donnerais 0^f 50^c à qui se chargerait de confectionner ce chapitre. 253

CHAPITRE 20. — Du danger pour les jeunes filles d'arriver

trop tôt au rendez-vous. 261

Chapitre 21. — D'une pierre deux coups 267

Conclusion 273

Noms des Souscripteurs.

DUNKERQUE.

	Nombre d'exemplaires
Mme Ve Martin.	1
M. Ch. Delattre, officier des douanes.	1
M. J.-B. Caron, employé des douanes.	1
M. E. de Ladebat, officier des douanes	1
M. T. Duverger, directeur des douanes.	1

M. Bessat, inspecteur des douanes 1

Mme Roberts. 1

M. Roussel-Hudelist, officier du génie 10

M. Dieuavant 1

M. De Montépin, percepteur des contributions directes . 1

M. Le Jars, officier du génie 1

M. Gallet, trésorier des Invalides 1

M. Bouchet, contrôleur des contributions directes . . . 1

M. Godinet, contrôleur de la marine 1

M. Alex. De Lesdain, avocat 1

M. Jules De Lesdain, officier des douanes. 1

M. Le Roux, employé de marine 1

M. Terquem, professeur d'hydrographie 3

M. Dejaeghère, greffier du tribunal civil 1

M. A. Delrue, négociant.. 1

M. Ch. Gallois, percepteur des contributions directes de la réunion de Coudekerque-Branche 1

Mme Brendt 1

M. Verlingue, inspecteur principal des douanes. . . . 1

M. Desmoutiers, juge. 1

M. Amand Hovelt, directeur des contributions indirectes. 1

M. Alfred Boidin, candidat au long-cours 2

M. Pierre Le Roy, sous-préfet 1

M. Salomez aîné, courtier 1

M. Ed. Hovelt, notaire 2

Mlle Joséphine Baillon. 1
M. De Buyser, propriétaire 1
M. P.-A. Cavrois fils, négociant. 1
M. Ch. Duverger, officier des douanes 1
M. Chaveron-Wattel, négociant. 1
M. Demaison, piqueur des travaux de la marine . . . 1
M. Vergnes, capitaine au 29e de ligne. 1
M. Henri Salomez, capitaine au long-cours 2
M. Develle, architecte 1
M. Zandyck, docteur en médecine. 1
Mmes Chamoulaud. 1
M. Aug. Isaac 1
M. Lebolloche, avoué. 1
M. J. Chabanel, officier des douanes 1
M. Morel-Agie, négociant 1
M. Théodore Duverger fils, ing^r des ponts-et-chaussées . 1
M. Goddefroy de la Jonckaire, négociant 1
M. Petit-Genet, officier de la Légion-d'Honneur, professeur d'hydrographie en retraite.. 1
M. Potigny, à bord du *Pluvier* 1
M. G. Malo, négociant 1
M. P. Tresca, commissionnaire de roulage 1
M. Devoghel, négociant 1
M. B. Morel, négociant 1
M. Alfred Morel, négociant 1

M. Bomaert, officier de l'Université. 1

M. E. Berte, négociant 1

M. J. Willis. 1

Mme E. Bleinhem-Hasset 1

M. Everaert. 1

M. J. Dulac, colonel du 29ᵉ de ligne 1

M. Goddefroy aîné. 1

M. Louis Cornemuse, bélandrier et charpentier de navire. 1

M. Aug. Devette, négociant. 1

M. Alfred Willems, avocat 1

Mme Aug. Thiery 1

MM. Math. Pol et fils, négociants 1

M. Paul Dulys, négociant 1

M. Gouchon, propriétaire 1

M. Sansonnet, en plein champ 1

M. Auguste Dupouy, négociant. 1

M. Gasteau, greffier du tribunal de commerce 1

M. Hector Feron, négociant. 1

MM. Aubert aîné, J.-N. Richard et fils, négociants. . . 2

M. Réné Vital, agent de change 1

M. L. Monier 1

M. Fontemoing aîné, avocat. 1

M. Juvénal Cailliez, agent de change 1

M. Boudin, négociant. 1

M. Ch. Vanderschueren, négociant. 1

MM. J.-L. Cuenin et fils, négociants	1
MM. Vᵉ L. Philippe et fils, négociants	1
M. Pierre Debaecque, négociant	1
Un anonyme	1
Mlle Reine Pol	1
M. L. Manotte, professeur de musique	1
M. Boubert	1
M. Bonfiglio, négociant	1
Mme Coudère	1
M. Mirland	1
M. Bray-De Buyser, négociant	1
M. Constant Coquelin, négociant	1
Mlle Caroline Carlier	1
Mme Ch. Carlier	1
M. Lantshère-Leroy, négociant	1
Mme Hill	1
M. Ward	1
M. Edouard Salomez, employé de marine	1
Mlle Van Caestre	1
M. Edmond Vermeesch	1
Mme Vᵉ Voynant-Duchochois	1
Mlle S. Baillon	1
Mme Carpentier	1
M. Fournier, employé au contrôle de la marine	1
M. Aubert Hovelt, officier des douanes	1

M. Henri Petyt, capitaine au long-cours 1
M. L. Taverne 1
M. Alfred de Clebsattel, avocat 1
M. Lépolard, instituteur 1
M. le Dr H. Hohagen, professeur de langue allemande. . 1
M. Vaillant, notaire 1
M. C. Jannin, officier des douanes 1
M. L^s Leroy, pharmacien. 1
M. Squeder-Butel, pâtissier 1
M. Joseph Dourlen, négociant 1
M. Coquelin fils aîné, négociant. 1
M. Hypp^{te} Bernaert, négociant 1
Mme veuve Benoît Bernaert 1
M. Thiercelin, major du 29me de ligne. 1
M. Amand Carlier, négociant 1
M. Lauwers, officier des douanes 1
M. Daudruy père, maître de poste. 1
M. J.-N. Vancauwenberghe, négociant 1
M. Lefebvre-Snaude, propriétaire 1
M. J.-W. Elve 1
M. Jules Vernimmen, propriétaire. 1
M. H^{te} de Feraudy, sergent-major au 29e de ligne . . 1
M. Decreus fils, écrivain de marine 1
M. Jacques De Baecque 1
M. Toussaint De Baecque, juge-de-paix 1

Mme veuve Bray. 1
M. Ortille, régent au collége. 1
M. H. Durin, négociant 1
Un anonyme. 1
M. le colonel Pringle 1
M. Dawint, vérificateur des poids et mesures 1
M. H^te de Clebsattel 1
M. De Clebsattel père. 1

CHERBOURG.

M. Denis-Lagarde, sous-contrôleur de la marine . . . 1
M. Lechanteur-de Pontaumont, commis principal du contrôle 1
M. Pouligo, commis principal du contrôle 1
M. Ferrasin, écrivain du contrôle 1
M. Gerbore, id. 1
M. Rossignol, id. 1
M. Le Brettevillois, commis principal de la marine. . . 1
M. De Bailly, commis de marine 1
M. Amiot, id. 1
M. Cosnefroy, id. 1
M. Lerevert, id. 1
M. Gérard, id. 1
M. Lemarquand, id. 2

M. Binel, commis de marine. 1
M. Copmartin,   id.   1
M. de St.-Martin,   id.   1
M. Leroux, avocat. 1
M. Duparc, écrivain des subsistances 1
M. Desticker, écrivain de marine 1
M. Fontaine, commis de marine 1
M. Lepoittevin,   id.   1
M. Belui, écrivain de marine. 1
M. Frémonneau, commis principal de la marine . . . 1
M. J. Loyez, enseigne de vaisseau 1
M. E. Pottier,   id.   1
M. L. De la Grandière, lieutenant de vaisseau 1
M. Savourey, commis de marine 1

ROCHEFORT.

M. E. Bergier, avocat. 1
M. A. de Grandpré, avocat 1
M. Amédée Cordier, négociant 1
M. Alexandre de St.-Martin, banquier. 1
M. A. Ballanger, négociant 1
M. Léon Riondel, banquier 1
M. Ed. Pétraud, négociant 1
M. B. Gachinard fils, négociant. 1

M. E. Gachinard, négociant. 1

M. Peponnet, lieutenant de vaisseau 1

M. Lapierre,   id.   1

M. E. Girard, notaire. 1

M. Vermot, officier du contrôle de la marine. 1

M. Célestin Gaudin, chirurgien de marine 1

BOULOGNE.

M. Michelin père, commissaire de marine 1

M. Michelin fils, officier du commissariat de marine . . 1

M. Fodor, commissaire de marine. 1

M. Horeau, trésorier des Invalides. 1

SAINT-VALERY.

M. Darras, professeur d'hydrographie. 1

M. Richard, commissaire de marine 1

M. Leroux, écrivain de marine. 1

M. Ricot, trésorier des Invalides 1

PARIS.

M. Bonfils, capitaine de corvette 1

M. Terquem père. 1

M. Descombes. 1

DOUAI.

M. Gustave de Baillencourt, employé des finances . . . 1
M. Gustave de Guerne. 1

COUDEKERQUE-BRANCHE.

M. Cagniard, cultivateur. 1

VALENCIENNES.

M. Denelle, employé des douanes 1

BELMONT (LOIRE).

M. Alfred Thevenet, receveur de l'enregistrement . . . 1

TOULON.

M. Victor Bernaert, lieutenant de vaisseau 1

WORMHOUT.

M. Baelen, ancien juge de paix. 1

BÉTHUNE.

MM. Decroix frères et C⁰, négociants 1

(295)

GRAVELINES.

M. Thorris, juge de paix. 1

BAVAY.

M. Michel, employé des contributions indirectes . . . 1

DUNKERQUE. — IMPRIMERIE DE C. DROUILLARD,
Editeur du journal *la Dunkerquoise*.

www.ingramcontent.com/pod-product-compliance
Lightning Source LLC
Chambersburg PA
CBHW071341150426
43191CB00007B/807